父母回话的技术

杜 赢
编著

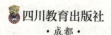

四川教育出版社
·成都·

图书在版编目（CIP）数据

父母回话的技术 / 杜赢编著 .— 成都：四川教育
出版社，2023.1（2023.5 重印）
ISBN 978-7-5408-8460-4

I. ①父… II. ①杜… III. ①亲子教育 IV.
① G781

中国国家版本馆 CIP 数据核字（2023）第 013144 号

FUMU HUIHUA DE JISHU

父母回话的技术

杜赢　编著

出 品 人　雷　华
责任编辑　张小娟
责任校对　罗梓菡
责任印制　田东洋
封面设计　松　雪
出版发行　四川教育出版社
　　地　　址　成都市锦江区三色路 266 号新华之星 A 座
　　邮政编码　610023
　　网　　址　www.chuanjiaoshe.com
印　　刷　唐山玺鸣印务有限公司
版　　次　2023 年 1 月第 1 版
印　　次　2023 年 5 月第 2 次印刷
开　　本　880mm × 1230mm　1/32
印　　张　6
书　　号　ISBN 978-7-5408-8460-4
定　　价　36.00 元

如发现印装质量问题，影响阅读，请与本社联系。

总编室电话：（028）86365120　编辑部电话：（028）86365129

目录
contest

第二章

精准回应：话要回到孩子心里去

第三章

冷静回应：平心静气地和孩子对话

第五章

激励回应：唤醒孩子的内驱力

第六章

人生指南：孩子的成长需要你的回应

无回应之地即绝境。

第一章

情感回应：
让孩子有充分的责任感

这次又没表现好，我是不是笨小孩？

——孩子沮丧时，给他振作的力量

情景再现

透视镜

　　琪琪正在遭受着"同侪压力"。所谓同侪压力，指同龄人的行为和成就给我们带来的压力。孩子之间也存在同侪压力，他们会暗自比较，谁的成绩更好，谁的文体特长更突出，谁更受老师和同学们的欢迎等。

孩子在学习上已经足够努力了，可成绩却始终只是中等水平；同一天进的游泳班，孩子训练得很认真，也很听教练的话，可游泳水平却比一起来的小朋友差了一大截；学校举办运动会之前，孩子每天早起晨跑，准备了半个月，到了赛场上却被远远甩在后面……每当此时，孩子便会伤心、沮丧地问："我是不是笨小孩？"

孩子在面对失败、挫折时，很容易对自己产生怀疑。父母是孩子最信任的人，就像小时候孩子受了委屈会下意识地找父母一样，此时孩子不禁想到父母那里去寻找自己失利的真实原因。

面对孩子这样的提问，父母应该怎样回话呢？不得不说，这样尖锐的提问是对父母回话技术的一种考验。父母经常会有两种回答：

你当然不是笨小孩！一次小小的失败算不得什么，每个人都有自己的优点，你身上的闪光点也不少哇。

晴妈妈

你和别人的智商根本没差多少，你还是不够努力！

雨妈妈

回话技巧

晴妈妈有着高超的回话技巧，她先是坚定地告诉孩子他不笨，之后并没有简单对孩子进行安慰，而是理性地告诉孩子一次小小的失败并不足以对一个人定性，并且客观地告诉孩子每个人都有自己的优点，让孩子的情绪和注意力从失败的阴霾转移到对自身的认识和发现上，有利于让孩子重塑自信心。

 错误表达

雨妈妈的回话不仅毫无技巧可言，而且存在着很大的问题。在孩子遭遇挫折、心理脆弱的时候，她不仅没有给予孩子一定的安慰，而且直接对孩子进行否定。虽然告诉了孩子他智商不低，但却从另外的角度指责孩子不够努力。这样的回话不仅不会产生积极作用，还会让孩子进一步自我否定。

应当注意的是，当孩子已经产生自我怀疑时，父母不应当再像安慰幼儿那样以简单的方式哄孩子，比如："谁说我的宝贝笨哪？我的宝贝聪明绝顶！""宝贝，你是最棒的！"这样的话。因为这样的话主观色彩太浓重，并不是以客观标准对孩子进行评价。也就是说，孩子更想知道自己究竟笨不笨，而不是父母觉得自己笨不笨。父母可以通过以下具体的方式让孩子消除自我否定，打消"我是个笨小孩"的念头。

找到挫败的原因

琪琪：我都这么努力了，可成绩还是不好。

妈妈：也许是我们的学习方法不太得当，我们改变一下学习方法试试。

››

帮助孩子找到挫败的原因并有针对性地解决问题，才能从根本上消除孩子的自我否定。

帮助孩子重新认识自己

琪琪：小齐的舞蹈跳得特别好，同学们都很羡慕，我就不行。

妈妈：可是你的书法写得很好，书法老师也表扬了你很多次呀。

››

让孩子通过别人的鼓励与帮助重新认识自己，重新获得自信。

培养孩子的自我对话能力

琪琪：糟糕的念头出现在头脑中时，我该怎么办呢？

爸爸：你一定要告诉自己："我要用快乐的念头取代它！"

››

增强孩子的自我对话能力，即是增强孩子的自我调控能力，让孩子能自己将消极思维转化为积极思维。

鼓励孩子重拾自信

琪琪：妈妈，我真的能学会滑冰，和他们一样自由驰骋在冰面上吗？

妈妈：当然，只要你认真学习，刻苦练习，没准儿比他们滑得更好呢！

››

当孩子的自信心不足或是受到打击时，父母要多进行鼓励，给予孩子面对困难和挫折的勇气。

总　结

　　在孩子提出敏感、尖锐的问题时，如果父母能够以科学、专业的方式予以孩子回应，便能有效扭转孩子的消极看法，消除孩子的负面情绪，帮助孩子有效提升自我，使孩子塑造出更加自信、积极、乐观的性格。反之，如果父母随意回应，敷衍了事，则不仅无法帮助孩子解决问题，重塑性格，重拾自信，还会让孩子变得更加内向、敏感、脆弱。

02 我又闯祸了，我是不是很调皮？

—— 孩子自责时，引导他反省错误

情景再现

> 琳琳，你说今天你是因为和弟弟妹妹在一起太高兴了才会这样，妈妈可以理解，但是希望这件事给你一个警示，以后不要再出现这种事情了。

透视镜

　　显然，琳琳现在被自责和自我怀疑两种情绪包围着。一方面因为自己玩游戏不小心打碎了姑姑家里的花瓶，让大人们受惊；另一方面自己本来是想和久别重逢的弟弟妹妹开开心心地玩，却不料没有把握好度，犯了错。

对于处于童年阶段的孩子，父母的训诫、学校的纪律、社会的行为规范等尚未对他们形成强有力的约束，因此，相对已经懂事的青少年来说，儿童犯错是很常见也很正常的事情。但是常见和正常并不意味着这样的行为是被支持的，这也就是为什么琳琳在打碎花瓶后会变得慌乱失措、内心愧疚，从而向妈妈问出了"我是不是很调皮"这一问题。

让人欣慰的是，随着年龄的增长，很多孩子在一定阶段会和琳琳一样，在犯错误后会出现自责和反思的状态。这对于想改掉孩子调皮性子的父母来说，已经成功了一半，但是到底能不能让孩子自然地改掉调皮性子，关键还在于父母怎样回答"我是不是很调皮"这个问题。父母经常会有两种回答：

晴妈妈

你今天是有一些调皮，但是你向妈妈解释过你是因为和弟弟妹妹在一起太高兴了才会这样，妈妈可以理解，但是希望这件事给你一个警示，以后不要再出现这种事情了。你已经向姑姑道歉了，下次你帮妈妈挑一个花瓶送给姑姑吧。

雨妈妈

你还知道自己调皮呢！妈妈告诉过你的，在别人家里应该有礼貌。你玩的时候我就劝你不要跑这么快，毛毛躁躁的。这下把姑姑的花瓶打碎了，下次人家就不欢迎你来了。

回话技巧

　　关于晴妈妈的回答，第一，她没有回避孩子的问题，明确地指出孩子确实是调皮了，并提出了"引以为戒，不可再犯"的要求。第二，她考虑到了导致孩子调皮的心理原因，让孩子有了被理解的积极感受，这样会无形中拉近父母和孩子的距离。第三，她在指出了孩子行为的错处后，并没有让自己陷入亲子冲突中，而是想办法弥补。这样一来让孩子明白犯了错误，造成了损失，不是一句"对不起"就能简单解决的，而要以一种合适的方式去弥补。

✕ 错误表达

　　雨妈妈的回答显然情绪成分过多，理智不足。父母饱含气愤的语气和高高在上的姿态，容易使孩子产生畏惧和抵触心理，以及一种不被父母理解的孤独、失落感。长此以往，对亲子关系并无好处，此外，雨妈妈最后一句话带有恐吓性质，虽然震慑了犯错误的孩子，但是也让孩子和姑姑的关系受到了一定的破坏，是一种主观、消极的处理方式。

　　当孩子问出"我是不是很调皮"的时候，说明他已经能够对自己的过错进行反思，在此基础上，父母教育起来会容易一些，但这也对父母的教育方式提出了更高的要求。如果一味地斥责，采用诸如雨妈妈式的回话方式，会让孩子的愧疚心理越来越重，甚至引起孩子自卑。父母可以通过以下几种方式来引导孩子直视错误，并学会妥善解决问题：

承认错误、不回避、不找借口

琳琳： 都怪姑姑家的花瓶摆放的位置不好，而且她知道今天我们这么多小孩子会来，就应该放到高处啊。

妈妈： 首先，是你打碎了姑姑家的花瓶，错误在你，这是不争的事实，你不要把责任推到姑姑身上。第二，姑姑怎样摆花瓶那是姑姑的权利，而且为什么因为你们小孩子来她就应该把花瓶放在高处呢？第三，你们是去姑姑家做客的，作为客人应该懂礼貌，可是你们还这么顽皮地跑来跑去，破坏了姑姑家里的东西怎么还找借口呢！

孩子为自己的错误找借口是很常见的现象，父母要做的是理清事情的全貌，确认错误在谁，并向孩子做出明确的解释，让他认识到自己的错误。

弄清孩子调皮行为的动因

妈妈： 你明明知道今天咱们是去姑姑家里做客的，作为客人，不应该这样跑来跑去。而且你玩的过程中妈妈就提醒过你动作小一些，你为什么不听妈妈的话呢？

琳琳： 妈妈，对不起，我不是故意不听你的话，而是难得和弟弟妹妹在一起，我们都很兴奋，玩得很开心，就忘记了你的话。

如果父母不去了解孩子行为的动因，而是一味地针对孩子的错误斥责，那么会和孩子之间产生隔阂。孩子犯错后，父母应该冷静下来询问原因，让犯错的孩子打开心扉，这有利于解决问题和更好地纠正孩子的错误行为。

妥善解决因调皮行为造成的损失与伤害

琳琳： 爸爸，我明白了，因为我调皮打碎了姑姑家里的花瓶，是我不对，我已经向姑姑道过歉了，她也说了"没关系"。我下次不会再犯了。

爸爸： 嗯，你能及时道歉，爸爸很欣慰。但是花瓶是姑姑用钱买的，花瓶碎了，姑姑家里就损失了一件装饰品。爸爸觉得下次来姑姑家里之前，你可以帮爸爸挑一个更好看的花瓶送给姑姑，弥补姑姑的损失。你觉得怎么样？

>>

父母应该从小教育孩子很多时候犯了错误不能仅说一句"对不起"就完事，而是应该以合理的方式弥补错误，弥补损失。

帮助孩子走出自责与自我怀疑的圈子

琳琳： 爸爸，今天我犯错误的时候很多亲戚都看到了，他们会不会觉得我是个特别调皮的孩子，都不喜欢我了？

爸爸： 你今天确实有些调皮，但是你解释了，是因为你和弟弟妹妹难得见面，太兴奋了，爸爸觉得这是可以理解的。而且也不是每次和亲戚们在一起的时候你都这么调皮。你也和姑姑道过歉了，亲戚们也都看到了，他们怎么会不喜欢你呢？

>>

犯错后适当的愧疚有利于孩子迅速成长，但是毕竟孩子的心理还不够成熟，如果没有人及时开导，孩子极易产生自卑的心理。所以父母不仅要善于观察孩子的状态，也要通过对话帮助孩子全面、客观地认识自己。

总 结

当孩子问出"我是不是很调皮"这种问题时，身为父母，应该既觉得欣慰，又要有所注意。因为孩子的思维已经比从前那种犯了错只会说推脱、模棱两可的话的时候有了跨越性的进步，他开始反思自己的行为了。因此，父母应该以一种全面、客观的回答来回应，引导孩子直视错误，解决问题，使孩子不陷入过度自责的情绪，从而塑造孩子健全的人格。

03

我不如堂姐漂亮，也不如她聪明
——孩子自卑时，帮他建立自信

情景再现

透视镜

　　一次，玲玲到堂姐家拜年，回家后，玲玲叹了两次气，然后躲进了自己的房间。因为玲玲看到自己和堂姐在肤色、身高、身材以及学习成绩等方面的差距，认为自己不仅没有堂姐好看，也不如堂姐聪明，于是陷入了自卑的负面情绪中。

青少年时期的孩子正处于生理、心理发生剧烈变化的阶段。

一方面，很多青少年到了身体发育的第二个高峰期，在身体经历着很大变化的同时，他们会越来越关注自己的形象，不能以满意的容貌出现在他人面前也会成为他们的一种压力。

另一方面，由于种种社会因素的存在，青少年的心理负担也开始加重。父母认为青少年时期的孩子们已经懂事了，所以不再担心他们会像儿时那样听不进去自己的话，于是各种期待、激励、施压的话如潮水般涌向孩子们。除此之外，青少年时期的孩子们在各方刺激和对自身的片面认识下，不免常常受挫，考试成绩不理想、容貌不如别人等，都可能成为他们自信心暴跌以至于自暴自弃的导火索。

此时的玲玲正是一个身心受挫，徘徊在自卑边缘的典型例子。如果你是玲玲的父母，你会意识到她的变化吗？你又会做点什么呢？

晴妈妈

　　玲玲，今天回来后爸爸妈妈就看你情绪不好。怎么了？可以和妈妈说说吗？如果你不愿意说，那就让妈妈猜一猜你为什么不高兴。是不是今天亲戚们聊到堂姐成绩的事情，你不开心了？还是说看到堂姐这么好看，你羡慕了？没事儿，现在这里就你和妈妈，有什么事情都可以和妈妈说，憋在心里一直不开心对身体不好，爸爸妈妈也会担心你的。

雨妈妈

　　玲玲，谁又惹你了？今天在你堂姐家我就看你垂头丧气的，人家拜年走亲戚都高高兴兴的，你这个样子给谁看呢？真是一点都不懂事。回来就跑进房间，什么也不说，谁知道你想什么呢。

✓ 回话技巧

　　首先，晴妈妈观察得很细致，对女儿足够了解，所以能从女儿一天的经历中猜出造成女儿情绪低落的原因。第二，青春期的孩子情绪更加敏感，由父母二人中心思比较细腻的一方去沟通更为合适。第三，晴妈妈猜测的语气委婉、留有余地，而不是以肯定句的形式以偏概全。第四，晴妈妈在谈话最后表明和玲玲谈话的原因是为了她的心理健康，将双方放在平等的位置上，而不是将质问女儿作为父母的特权。

✗ 错误表达

　　雨妈妈恰恰和晴妈妈相反。第一，她对女儿情绪转变的原因毫无头绪，并不是一个在生活中关注孩子的人。第二，她不善于控制自己的情绪，女儿情绪低落，她不但没有安慰女儿，反而自己先郁闷、生气，过于情绪化的父母并不适合教育孩子。第三，面对情绪低落的青春期女儿，她竟然一开口便是指责。"不懂事"三个字杀伤力极大，不可以随便说。

　　父母应当注意，当孩子已经产生自卑心理时，如果父母不能理解孩子，还采用指责和抱怨的方式和孩子交流，容易使亲子之间的隔阂越来越大。青春期的孩子在产生深深的挫败感后，还要面临至亲的指责和抱怨，很容易产生自暴自弃、反叛等扭曲的心理。那么，面对自卑的孩子，父母应该怎样帮助他克服自卑，找回自信呢？

引导孩子全面、客观地认识自己

玲玲：妈妈，堂姐现在真的好漂亮啊，而且她从小学习就好，我真是哪都不如姐姐。

妈妈：玲玲，妈妈也觉得现在的堂姐很好看，很优秀。青春期的孩子都会经历一个发育的过程，过了这段时间，你也会漂漂亮亮地出现在亲戚们面前。另外，你怎么能光看相貌、成绩就否定自己呢？评判一个人的标准有很多。如果论才艺，堂姐没学过乐器，这方面是不是你很优秀呢？

>>

妈妈并没有为了哄孩子开心就贬低堂姐，而是去解释每个人都会经历的青春期蜕变过程，给了孩子希望。另外，她引导孩子意识到自己在其他方面的过人之处，帮助孩子全面、客观地认识自己，正确看待自己的长处和短处，有利于孩子找回自信。

引导孩子建立符合实际的目标

玲玲：爸爸，我也想成绩优秀，每次都能收到家里人的夸赞，但是这么多年都没能做到。

爸爸：玲玲，你要明白，成绩好不是为了得到他人的夸赞，最主要的是对你未来的发展有好处。想在短时间内迅速进步也是不合实际的，不过你可以给自己定一些小目标，每次进步一点点，坚持下来，成绩一定会提上去的。

>>

孩子产生"打鸡血"的冲动其实是不好的，因为一旦失败可能受到的打击更大。有些孩子会因为自卑而自暴自弃。父母应该帮助他们建立符合实际的目标，列计划，帮助孩子找回自信。

总 结

　　当孩子产生自卑心理时，父母应该给予他们情感上的回应——充分的理解。尤其在这个竞争激烈的时代，孩子经历失败，意识到自己的不足都是非常常见的事。由于孩子的思维尚未完全成熟，他们往往会只放大自己某些不足的方面，而忽略了自己出彩的方面，父母应该引导孩子全面、客观地认识自己。自卑从来不是口头的鼓励就能战胜的，父母应该帮助孩子通过一点一滴的、看得见的进步提升自己，获得自信。同时，无论是现在还是未来，一个人的发展都离不开集体，所以当孩子因为自卑而逃避集体时，父母就更要通过各种现实的例子让他们明白没有人可以脱离集体而生活。在集体中产生的自卑，就在集体中解决。

老师今天冤枉我，太气人了
——孩子委屈时，表达充分的理解

04

情景再现

透视镜

　　向来成绩不佳的琪琪，因为一次数学考试得了高分，所以被老师怀疑考试作弊。因为这件事情，琪琪的心情犹如坐过山车，从惊喜到惊讶，再到气愤和委屈。不过换位思考，换作任何人，被他人冤枉或误会，心情恐怕都难以平静。

在大多数人的日常人际交往中，不乏被冤枉和被误会的经历。尤其是被同学、老师、家人等冤枉和误会往往会让当事人受非常大的委屈。明明没有做过的事，却被他人指控做过。作为逻辑较为成熟和缜密的成人，尚且可以组织语言，摆出证据证明自己的清白。然而对于单纯的、被气愤和委屈裹挟着的孩子来说，这些指责和冤枉的话语对他们打击很大，如果得不到理解，严重者甚至陷入抑郁。

就拿琪琪被冤枉作弊这件事为例，父母应该怎样做才能妥善处理这件事呢？

晴妈妈

　　琪琪，妈妈现在非常理解你的感受，爸爸妈妈都是相信你的，通过你的努力，是有能力做出难题的。老师也不是完人，有些行为欠妥也是可以理解的。咱们换位思考，如果你是老师，看到一个平时成绩平平的孩子突然考了高分，解出了一道很多人都做不出的难题，是不是心里也有些怀疑呢？

雨妈妈

　　琪琪，你的成绩妈妈是知道的，这样的题目你之前是做不出来的。你老实告诉妈妈，真的是你自己做出来的吗？是不是你在考场上的小动作被老师看到了？老师写上这么一句话肯定是有原因的。

回话技巧

　　晴妈妈的回答给予了孩子理解和尊重，肯定了孩子的努力和能力。不仅让孩子获得了支持和鼓励，也让孩子在无形中感受到父母的爱意。

　　晴妈妈也没有为了哄女儿而去贬低老师。孩子本就在气头上，父母如果不冷静和清醒，会助长孩子的负能量，让孩子对老师或者其他本应该被尊重的人产生质疑和轻视。这不仅不利于问题的解决，也不利于帮孩子构建积极的人际关系。晴妈妈引导孩子换位思考，让孩子给予老师一定的理解，能缓解孩子的委屈和对老师的抵触心理。

✗ 错误表达

　　雨妈妈不相信女儿的能力。父母拥有这样刻板的认知是可悲的，因为孩子的努力和成就很难在第一时间得到家人积极的回应。

　　此外，雨妈妈对老师这一类普遍意义上的权威者，具有一种盲目的信任。她对老师没有任何质疑，反而质问起了自己的孩子是否撒谎或者行为失当。可以想象，此时的琪琪不仅委屈情绪没有缓解，反而还要承受母亲的怀疑。

　　父母应当注意，当孩子已经陷入某种不良情绪时，要予以安抚和理解，但更需要保持理智和清醒。因为父母的回应是会影响孩子终生的，毕竟孩子人生中不是每一个受委屈的时刻都能得到父母的安慰。他们需要通过父母曾经的教诲，学会自己对自己负责，并学会使用这把叫作"理智"的船桨去乘风破浪。

询问，倾听

琪琪：妈妈，我不想去上学了，也不想上数学课了！呜呜呜。

妈妈：琪琪，怎么了？发生了什么事让你这么抵触学校，可以说给妈妈听听吗？让妈妈帮你分析分析。

>>>

当父母不知道孩子经历了什么事情而情绪低落的时候，应该耐心地倾听孩子诉说，或者主动询问，让孩子倾诉出来。如果父母忽视了孩子的低落情绪或者因为反感孩子的这一行为而进行单方面的言语说教，反而会加深孩子不被理解的孤独与落寞感。

理解，安抚

琪琪：老师在我的卷子后面写了这样的话，为什么老师要否定我的努力，说我作弊呢？

妈妈：琪琪，妈妈现在非常理解你的感受，老师的话伤到了你。但是你要知道，爸爸妈妈都是相信你的，你通过努力，是有能力做出难题的。

>>>

如果事实证明孩子的确被冤枉而受了委屈，那么父母应该在第一时间予以安抚，让孩子感受到父母的爱意，安慰他不被他人认可或理解的心。

换位思考

琪琪： 一定是因为我成绩不好，老师觉得我是个坏孩子，所以不相信我。

爸爸： 咱们站在老师的角度想一想，如果你的学生之前一直成绩平平，却在一次考试中得了高分，你难道不会觉得诧异吗？没错，老师这样直接地怀疑你，确实欠考虑。但是，人无完人，所以不要因为老师的这个举动就觉得他否定了你的一切，你完全可以将你的实力证明给他看。

>>>

父母需要从小培养孩子换位思考的意识。引导孩子站在对方的角度看待问题，这有利于孩子学会理解他人，以一种恰当、理性的方式解决问题。这对于他们日后独自面对质疑时有很大的帮助。

父母介入

琪琪： 爸爸，我不知道怎么跟老师解释，他会相信我吗？你能不能帮帮我？

爸爸： 当然可以。爸爸可以帮你向老师说明情况，但是我认为由你自己向老师解释更具有说服力。不要紧张，你也可以把它当作一次锻炼沟通能力的机会。爸爸这次可以帮你，但是帮不了你一辈子，如果你掌握了沟通的技巧，将受益一辈子。

>>>

当孩子经历被冤枉的委屈时，父母有必要介入并给予他们帮助和指导。但是与其每次都代替孩子解决问题，不如教孩子看待问题、解决问题的技巧，引导他们在困难中锻炼自己，获得启发。

总　结

　　当孩子受到委屈时，父母应当给予孩子充分的理解。随着孩子逐渐长大，在和社会接触的过程中不可避免会经历一些辛酸和委屈。父母应该从自己过往的类似经历中总结经验，结合自己广阔的知识面，用较为成熟和理性的思维引导孩子正确看待和处理这种委屈，不盲目哄孩子，不盲目相信权威，更不能对孩子撒手不管，要为孩子未来独立处理信任危机奠定基础。

我可以养一只小狗吗?

——孩子请求时,解释给孩子听

05

情景再现

透视镜

　　琪琪在乡下的奶奶家玩耍期间和邻居家里的狗狗培养了深厚的情谊,甚至在邻居家的狗狗生了宝宝后,抱了一只小狗回奶奶家里养。琪琪很快就要开学了,她只能向妈妈求助,希望能够把小狗带回城里养。孩子的本意是好的,养小动物也是一件有利于孩子成长的事情,但是现实的种种不便也摆在面前。这时,父母应该怎样回答呢?

　　在孩子小的时候，很容易对小动物产生好感，并且产生养一只小动物的想法。但是他们对小动物的这种感情值得推敲：到底是一时兴起还是真心喜爱？是把小动物当作玩具还是把它当作小伙伴？如果父母在对孩子的心意不够了解的情况下，贸然同意他们养小动物，恐怕到头来对小动物付出精力的还是父母自己。这也就是为什么很多父母在孩子提出养宠物的请求后，第一反应都是拒绝。

　　然而，如果孩子决定对小动物负责，并且家中条件适合养小动物，那么养一只小动物也是一件好事。首先，养小动物能够给家中增添很多欢乐。其次，小动物会成为孩子无话不说的忠实伙伴，减少他的孤独感。此外，在和小动物相伴的岁月里，孩子也会有很多收获，譬如学会负责，学会敬重生命，学会养小动物的技能等。

　　那么，父母应该如何回应琪琪的请求呢？

晴妈妈

　　琪琪，马上开学了，你要上学，爸爸妈妈要上班，白天谁来照顾小狗呢？小狗在乡下可以到处玩耍，到了城市只能待在家里或者被拴着，你问过它愿不愿意吗？这样吧，小狗还是放在奶奶家，只要你以后听话，学习有进步，周末就带你过来看小狗怎么样？

雨妈妈

　　琪琪，你适合养小动物吗？每次都是三分钟热度，最后全变成我和你爸的事情了。你想养，可以，但是如果你撒手不管，一点都不负责任，我就把它送回去。

回话技巧

晴妈妈从父母甚至是小狗的角度来解释在城里养小狗的重重障碍，希望琪琪能想明白是否真的能养小狗。

同时晴妈妈给出了她能力范围内的解决方案，小狗放在奶奶家里并且对琪琪提出了要求。这样一来，既不让小狗和琪琪完全分离，也不至于因为养小狗的事情引起后续的麻烦，还能让琪琪有了学习的动力，一举多得。

错误表达

雨妈妈的回答态度比较强硬，一上来就不客气地表明琪琪并不适合养小动物，没有长久的耐心和专注，最后甩手给父母。父母本就有工作和照料孩子的任务，再加上养小动物，负担会很重。所以有必要向孩子指出，要养就得负责。

父母应注意，同意孩子养小动物绝不能只为了满足孩子的心愿。小动物，尤其是猫、狗，养不好可能会给他人造成很大的困扰，甚至是伤害。所以在答应孩子之前，一定要全面地考虑，并且让孩子参与商讨，让孩子明白其中的困难与风险，以及可能出现的状况，锻炼孩子思考问题、解决问题的能力。

全面考虑，耐心解释

琪琪： 妈妈，这小狗多可爱啊，我看着它生下来的，我不想离开它，我想养它。

妈妈： 琪琪，咱们对门住的老爷爷最怕吵了，是不是经常让你说话轻一点？如果小狗不适应我们家里的环境，天天叫唤怎么办？而且你白天要上学，我和你爸爸要上班，谁来照顾它？

孩子养小动物心切的时候，往往会考虑事情不周到。而父母却不能不考虑这些外在条件，因此有必要提前向孩子解释潜在的风险与现实的困难。

让孩子直面责任

琪琪： 爸爸，它很乖的，每天奶奶给什么它就吃什么，只要让它出去它就会自己上厕所，没什么麻烦的，除了现在有点不适应，会嘤嘤地叫。

爸爸： 如果它每天一大早就要出去上厕所，你起得来吗？爸爸妈妈每天都忙到很晚才睡，早上又要早早地起床做早饭，没有时间遛它，所以只能靠你。晚上出门散步，你肯一直牵着它不让它乱跑吗？你舍得不去和小伙伴玩吗？如果你能对小狗负起责任来，爸爸不会不同意的。

孩子说养小动物，父母会考虑到家中的条件和可能带来的麻烦而有一些顾虑。父母可以借此机会培养孩子的责任心，让孩子负起责任来。

总　结

当孩子向父母提出请求的时候，父母一定要在做出确定的回复前全面考虑现实情况。对待养小动物这种请求，父母应该把家里的难处以及可能出现的状况向孩子解释清楚，让孩子有心理准备，并以平等诚恳的态度邀请孩子共同商讨。此外，父母应该督促孩子担起责任。当孩子能够理解现实情况的时候，父母可以帮助孩子想个令大家都满意的方案。

06 老师说期末考不好，就没有奖状了

——孩子焦虑时，帮助他缓解压力

情景再现

透视镜

　　要获得去旅游这一奖励，琪琪就要拿到奖状；要拿到奖状，琪琪就要三科成绩都超过班级平均分。因此，琪琪准备期末考试的压力很大，她很焦虑。考试焦虑是当下学生中非常常见的心理状况，这一方面表明他们有目标有追求；另一方面也表明他们对结果感到惴惴不安，没有把握。

很多家长应该都感叹过：孩子的生活和学习条件已经这么好了，还有什么不满意的，天天苦着张脸，一点朝气蓬勃的样子都没有。这是为什么呢？

的确，现在的孩子享有优渥的受教育条件，但是数不清的作业、考不完的试卷、背不完的重点、一次比一次重要的升学考试带来的竞争压力全部压在孩子的身上。

父母最重要的任务之一是化解孩子的焦虑。化解焦虑，绝非只靠一句简单的"没事的，坚持一下，会好的"就可以的。化解焦虑不能仅靠敷衍、空洞的安慰，否则短暂的缓解后，更大的焦虑会卷土重来。

那么，面对焦虑的孩子，父母应该做出怎样的回应呢？

晴妈妈

琪琪，还没考试呢，你就知道自己会考不好吗？而且你前两次模拟考试成绩不是都超过了平均分吗？只要你保持现在的状态，考试时细心一些，应该没有问题的。即使咱们没有奖状不能去旅游，只要你有进步，并没有因为不该丢分的题丢分，妈妈一样会奖励你的。

雨妈妈

琪琪，还没考试呢，就在这里说丧气话！有这担心的工夫，去复习功课多好。这次考试，你必须要拿到奖状！

　　晴妈妈对琪琪这种还没考试就丧失信心的状态引起了重视，列出前两次模拟考试的成绩来证明琪琪是有能力拿到奖状的，让琪琪对自己有信心。然后针对琪琪可能出现的粗心的问题给出了提醒。看得出，晴妈妈对自己的孩子很了解，也有信心。

　　晴妈妈知道让孩子焦虑的原因是担心不能得到去旅游的奖励，所以她提出用其他的奖励来鼓励孩子，让孩子重燃斗志。

错误表达

　　雨妈妈明显没有体察到孩子的焦虑情绪，不但没有化解孩子的担忧，还用强硬、不耐烦的语气加剧了孩子的心理压力。

　　当孩子已经为了学习和考试焦虑的时候，最怕遇上比他们更焦虑、更没有耐心的父母。孩子诉一句苦，父母有一箩筐的话在等着孩子，从加油鼓气到恨铁不成钢。不仅没有让孩子缓解压力，反而使孩子因为父母话里的目的性而压力更大。孩子焦虑的时候，父母应该先告诉自己不要带着焦虑的心态与孩子沟通，应该带着为孩子解压的目的，组织好自己的语言，去帮助孩子。

了解孩子焦虑的原因，正确看待它

琪琪： 妈妈，如果不能三科过平均分，那我就白忙活一学期了。

妈妈： 怎么会白忙活了呢？你学的知识都成了你的呀。而且即使你没有得到去旅游的奖励，以后还可以争取啊，又不是没有机会了。

当孩子有目标，但是又担心自己的能力达不到目标的时候就会焦虑。父母应该从各个角度分析孩子焦虑的原因，帮助孩子以良好的心态看待自己的目标和能力。

培养孩子积极乐观的处事心态

琪琪： 爸爸，我一想到自己如果考不到平均分，我就好难过。我的好朋友他们成绩都比我好，就我最差。

爸爸： 琪琪，虽然你刚入学的时候考的成绩不如他们，但是现在不是慢慢地缩小差距了吗？你已经进步了。考试成绩是要和自己比的，只要比上次考得好，就是有进步，要相信自己。

每个孩子的经历、天分都不相同，所以放在一起比较和竞争难免使孩子焦虑、悲观。父母应该引导孩子关注自身的发展，看到自己的进步，以积极乐观的心态面对人生的挑战。

总 结

当孩子压力大、焦虑的时候，父母应该及时缓解孩子的压力。竞争压力过大，可能会影响孩子的心理状态，从而干扰他的学习和生活。父母应该耐心地了解孩子焦虑的原因，从多方面分析，帮助孩子缓解压力，应引导他关注自身，以积极乐观的心态面对挑战。

父母与孩子相处中是不是理解孩子，是不是让孩子

感觉舒服和自然，这是特别重要的。

第二章

精准回应：
话要回到孩子心里去

今天我们班发生了许多有意思的事

——孩子期待交流时，及时回应

01

情景再现

透视镜

　　大多数孩子的交流欲望都是与生俱来的。爸爸妈妈关于职场的谈话，琪琪是难以融入的，所以她希望和爸爸妈妈交流学校里发生的有趣的事情。然而当时爸爸妈妈并没有在意琪琪的话，这让琪琪有些失望，所以后来她才对着玩偶倾诉。

你是否经常看到孩子和玩偶、宠物、植物等"对话"？你是否会听见孩子自言自语？你是否会在厌烦了孩子的问题时，给他电子产品让他自娱自乐？成年人的世界有太多需要考虑的事。但是，站在孩子的角度，如果他们每一次期待和父母交流时，分享欲都得不到满足或者得不到父母及时的回应，渐渐的，他的交流对象就不再会是父母，而变成了其他事物。

想和父母分享趣事却被忽略的孩子，会觉得父母对自己说的事情不感兴趣，于是便不再对父母有分享的欲望；想加入到父母的谈话中却被回以一句"大人的事，小孩子别多嘴"的孩子，会觉得自己没有资格和大人对话，于是以后会自动回避大人们的谈话，严重者甚至滋生自卑心理；求知欲旺盛的孩子到头来被父母用电子产品敷衍，他会觉得自己已经被父母厌烦，于是不再有向父母提问的念头，甚至有的孩子反其道而行之，当自己想玩电子产品的时候就去用各种问题"烦"父母。

此时，面对着对玩偶自言自语的琪琪，妈妈又该怎么做呢？

晴妈妈

琪琪，你在说什么呢？小熊回答不了你，那么有趣的事情不如讲给爸爸妈妈听听？妈妈刚刚想起来，你在车上是不是想把这些事说给我们听呀？对不起哟，爸爸妈妈当时没有注意到你说了什么。以后你想和爸爸妈妈说什么，一定要提醒我们，我们特别愿意听你说学校里的事情。

雨妈妈

琪琪，你在和一个玩偶熊说什么呀？它又听不懂。你这孩子，老师不是说了要多和爸爸妈妈沟通交流吗？你今天一回来就把自己关在房间，一直到现在都没和爸爸妈妈说过话，没想到你居然在和一个玩偶熊说话。哎哟，琪琪，你不会是病了吧？你可别吓妈妈。

✓ 回话技巧

晴妈妈的回应明显是经过深思熟虑的，一方面她从孩子和玩偶讲话这件事上看出了孩子期待与人交流；另一方面她反省了自己和孩子爸爸在车上忽略了孩子的话。综合这两方面，晴妈妈向孩子解释了没有在车上给她回应的原因，表达了歉意，安抚了孩子被忽视而失望的情绪。此外，她还表明了非常愿意聆听孩子分享趣事的意愿，为孩子主动和父母分享趣事做了良好的铺垫。

✗ 错误表达

雨妈妈对琪琪向玩偶讲话这件事的反应和晴妈妈形成了强烈的反差。第一，她没有细心地注意到琪琪和玩偶究竟在说什么。第二，她把琪琪的这一行为视为孤僻的表现，指责她不愿意和父母交流。第三，她甚至认为孩子的这种行为是病态的，引起了她的担忧。虽然她的本意是好的，但是这样直白的表达可能会让孩子受到打击。

尤其值得注意的是，当孩子出现自言自语等行为时，父母不要视其为病态的行为。否则，不仅让自己忧心忡忡，疑神疑鬼，也会让孩子本就对父母失望的心再受打击。这个时候，父母一方面应该倾听孩子在说什么，反思是不是自己没有及时给予孩子回应，或者周围的人与事造成了孩子沉浸在自己的小世界里的现象；另一方面，父母应该主动和孩子交流，在沟通中了解孩子自言自语的原因。

面对分享欲和交流欲强烈的孩子，父母应该给出及时而积极的回应。

给出及时、积极的回应

琪琪： 爸爸妈妈，今天学校里发生了许多有趣的事。

妈妈： 真的吗？快说给我们听听。

当孩子期待交流时，父母要给予及时的回应，如果回应不及时，孩子的分享欲难免会消退。而且回应应该是积极的，让孩子感受到父母对自己的重视，才能激发他的交流欲望。和孩子交流得越多，父母越能了解孩子的所思所想，这样不仅有利于锻炼孩子的交流技能，也能借此机会引导孩子、教育孩子。

主动打开话匣子

琪琪： 妈妈，我这两天有点不开心，我不知道该怎么办。

妈妈： 宝贝，怎么了呀？为什么会不开心呢？你可以和妈妈说说为什么不开心，妈妈看看能不能帮助你。

孩子表达自己交流欲望的方式因人而异。有的孩子即使想和父母交流，但是却由于一些因素，表达得不明确。这就要求父母足够了解自己的孩子。此时，父母不可过于强势地质问，而应在主动的探询中表达出尊重和关心，让孩子感受到父母的爱。

调动孩子的社交热情

琪琪： 爸爸，今天学校里发生了好多有趣的事，我说都说不完。

爸爸： 真的吗？今天晚上到爷爷奶奶家里吃饭，你可以和爷爷奶奶说说，让他们也知道校园生活多么有趣。明天你去学跳舞的时候，也可以和你舞蹈班的小伙伴们分享。

如果孩子每天都有说不完的话，那么父母应当思考是不是他的社交圈子已经不能满足他的交流需求了。如果是，那么父母可以积极调动孩子的社交热情，扩宽孩子的社交圈，在和更多人的交流中拓宽视野，提升人际交往能力。

避免高期待交流

琪琪： 爸爸，我给你讲一件学校里发生的很有趣的事……

爸爸： 很有趣吗？哪里有趣了？

琪琪（一愣，心想）： 啊？难道不有趣吗……

如果父母对于孩子分享的事情期待过高，且不注重回话技巧，很容易令心思敏感的孩子受到打击。对一件事期待过高，并且这件事达不到自己的期望时，那么失望是难免的。父母并不能把自己评判一件事有趣与否的标准强加给心智尚未发育成熟的孩子。对于有分享欲的孩子，父母应该给予鼓励，融入情境中，把握和孩子思想碰撞的机会。

总　结

　　不要指望一个从小被父母忽视分享欲的孩子能成长为一个能言善辩、侃侃而谈的人。父母应该留意孩子，准确捕捉到孩子流露出的分享欲和交流欲，并予以及时、积极而精准的回应；父母还要帮助孩子逐渐扩宽交际圈，让他释放自己的分享欲和交流欲，一边锻炼交流技能，一边建立良好的人际关系。

哇！这么难的数学题你都答出来了

——孩子取得成绩时，夸奖他

02

情景再现

哇！这么难的数学题都被我答出来了。

我的解题思路是……

我今天做出了一道很难的数学题，老师表扬我了。

琪琪，那道数学题真的是你自己做出来的吗？

透视镜

　　自己努力得来的成绩得到了老师的肯定，自己的解题思路也得到了老师的表扬，却在父母面前被泼了冷水。当孩子告知父母自己取得好成绩时，如果父母太过草率地给予一个不负责任的回应，不仅会打击孩子的积极性和自信心，也白白丧失了一次通过沟通引导孩子的宝贵机会。

　　只有付出了努力，凭自己的能力取得了成绩的人，才会懂得被别人，尤其是自己的亲人质疑的时候是多么失望和无力。孩子本想给父母一个惊喜，却发现父母的怀疑多于惊喜；孩子也许只想听父母的几句表扬，却引来了更多的要求；孩子要的可能只是父母欣慰满足的笑容，却招致了父母更为严厉的叮嘱……

　　这是存在于很多亲子之间的问题，也是我们强调父母回话技巧的原因。当孩子取得成绩时，父母应该给予合理的评价，话要回到孩子心里去。合理回应的前提是对事件有整体的了解，而不应凭片面的认知做出臆断。拿捏不准正确的回应方式，常常会造成意外的结果。

　　当琪琪把自己数学成绩取得进步、在课上自己的解题思路被老师表扬的事情说给妈妈听后，妈妈应该给出什么样的回应呢？

晴妈妈

　　真的呀？妈妈太开心了！我知道你一直为数学成绩没有起色而焦虑，付出了很多努力，现在终于有了回报，真是功夫不负有心人。作为奖励，妈妈可以答应你一个小心愿。不过琪琪，这只是一次小小的进步，后面咱们还要保持这样的劲头，继续努力，千万不能骄傲自满。

雨妈妈

　　真的吗？妈妈真没想到这样的题你都能解出来。如果真的是你自己做出来的，那确实很不容易。不过，你可不能骄傲，骄傲使人落后。你看看，你堂姐的数学成绩一直很好，但从来不张扬，你得向你堂姐学习。

回话技巧

　　晴妈妈的回答条理非常清晰。首先表达了喜悦，然后肯定了孩子的努力，这样的表扬更深刻，更令孩子开心。晴妈妈也了解孩子的心理，所以提出可以答应琪琪一个小心愿，既是奖励，也是激励。最后，不忘叮咛孩子切不可骄傲自满，而是要再接再厉。

✗ 错误表达

　　雨妈妈说"如果真的是你自己做出来的"，显得并不相信孩子有这样的能力。这样的话说多了，会让孩子意识到父母对自己的固化看法，从而心灰意冷，甚至变得自卑。明明应该肯定孩子的进步，但雨妈妈通篇话语很少展露欣喜，而是在本应该让自家孩子开心的时刻称赞别人家的孩子，虽出于好意，但是忽略了孩子的心理。

　　在生活中，很多时候因为父母没有掌握好回话的技巧，或是忽略了孩子的心理，导致一场本来很愉快、和谐的谈话以矛盾和争吵告终。在和孩子说话时，父母应该明白谈话的中心是什么，孩子的需求是什么。如果孩子的需求正当，父母理应给予积极、合理的回应，例如晴妈妈的回答，她把对孩子的祝贺与肯定放在首位，然后附带必要的叮嘱和教育。而雨妈妈的回答通篇充斥着说教，长此以往，会引起孩子的反感和抵触，再多的惊喜也不愿意告知父母了。

先了解事情全貌，再做回应

妈妈： 这么难的题目你都做出来了，数学老师是不是很高兴？

琪琪： 当然啦！数学老师在讲评试卷的时候还让我讲了自己的方法，他还表扬了我的解题方法呢。

雨妈妈的回答流露出对琪琪取得的成绩的怀疑，原因就在于她没有了解事情的全貌，这样的回答是不负责任的。在和孩子的谈话中，父母要尽可能给孩子表达的机会，从孩子话里得到更多细节，从而让自己的回答更有针对性。

适度嘉奖

妈妈： 琪琪，你真是妈妈的骄傲。这次可以答应你一个小心愿。

琪琪： 太好了！妈妈我想去海洋馆。

孩子取得进步后理应奖励，但是奖励需适度。若父母提出什么都能满足，孩子很可能提出一个意想不到的要求，这个时候父母就会为难了。所以父母在嘉奖孩子的时候应该掌握好分寸。

在肯定与鼓励的基础上提出目标

琪琪： 爸爸，我能把这题做出来真的太不容易了。那些从前看来遥不可及的目标，现在我都达到了。

爸爸： 琪琪，爸爸始终相信只要你足够刻苦、努力，肯钻研思考，一切皆有可能。既然这次你看到了自己的能力，那么就要有信心面对后面的挑战，咱们定一个小目标，争取下次考试能减少简单题的失误。

一切成绩和进步都是暂时的，不能因为一次好成绩而停止了前进的步伐。所以，在肯定和鼓励了孩子之后，父母应该从长远考虑，引导孩子如何保持学习劲头和持续提升自己。

使孩子张弛有度，保持谦逊

琪琪： 爸爸，每次家庭聚会，大伯母都会拿堂姐的成绩说事，这下你也能说说我的成绩了吧。

爸爸： 琪琪，爸爸不希望拿你好不容易取得的成绩和别人攀比，希望你也不要。而且你这只是一次小小的进步，如果你能稳步提升，那才能证明你的能力。每一次取得好成绩，都值得开心和夸奖，但是希望你的兴奋适度，因为"骄傲使人落后，谦虚使人进步"。

当孩子被成绩冲昏了头脑，父母应该及时提醒。这就要求父母要足够清醒，切不可因为孩子的一次好成绩而沾沾自喜，大肆宣扬，否则一旦后面无法保持好成绩，对于孩子和父母都是打击。

总　结

　　孩子取得成绩时，父母应该给予精准的回应。首先，要忌草率，避免用一句随随便便的话给孩子造成伤害。要在足够了解孩子和事件的情况下，给予有针对性的回应。其次，父母应该站在孩子的角度去思考孩子需要什么。另外，奖励应该适度，从实际出发。最后，无论孩子取得多大的成绩，都不要忘了教育孩子保持谦逊的心态，这样才能使他继续进步。

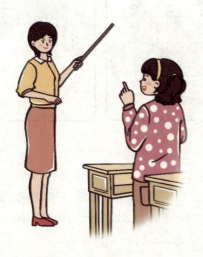

为什么孩子要上学，大人要上班？
——孩子好奇时，积极回应

03

情景再现

透视镜

　　爸爸临时有事，缺席了一家人的旅游。因此，琪琪对孩子要上学，大人要上班这件事产生了好奇。孩子从两岁起，好奇心会越来越强。也正是因为好奇心的存在，孩子开始了主动探索自然与社会的过程。

孩子产生好奇心，意味着孩子的头脑发育到了一个重要阶段——开始观察和思考。如果父母对此没有足够的敏感度和耐心，常常对孩子的提问敷衍了事，甚至责怪孩子多事、反常，就会向孩子释放一个错误的信号——问题太多是不好的，孩子的探索热情也会逐渐被浇灭。这样，父母不仅错失了教育孩子的良机，也打击了孩子求知探索的积极性。

随着孩子和社会接触得越来越多，他提出的问题不仅越来越多，越来越刁钻，也督促父母进行越来越深入的思考。父母如何回答，将直接影响孩子对社会与社会行为现象的认识与看法。琪琪的问题就是一个典型的例子。下面让我们来看看晴妈妈和雨妈妈各自给出什么样的回答。

晴妈妈

琪琪，如果小孩不上学，怎么获取知识，结交朋友，认识这个世界呢？如果大人不上班，怎么能挣到钱养家呢？所以，小孩到了一定的年纪必须要上学，长成大人之后就要开始工作，这是大部分人必经的人生过程。

我知道，爸爸这次临时有工作不能一起去旅游，你有点失望，但是爸爸是医生，他能救很多人，这是一件非常伟大的事。所以我们应该体谅他。而且，你要相信爸爸，他肯定也很想和我们一起旅游。这次我们多拍些照片带回去给爸爸看。

雨妈妈

怎么了？你是不想上学了，还是不想让爸爸上班了？小孩子怎么能不上学呢？你如果这样想，怎么可能把学习搞好呢？

回话技巧

晴妈妈的回答逻辑性和层次性兼备。首先她从认识层面向孩子解释了孩子要上学，大人要上班的原因，让孩子的问题得到了解答，让孩子意识到孩子上学、大人上班是大部分人的社会行为。

其次，她细心地观察到爸爸临时不能去旅游让孩子心生失望，该问题的提出与此不无关系，所以她结合爸爸的工作性质和爸爸的想法来开导孩子，让孩子理解爸爸，让亲子关系和谐。作为母亲，晴妈妈是在引导孩子的思想走向成熟。

 错误表达

雨妈妈一上来不仅没有正面回答孩子的问题，还向孩子提出了一系列尖锐的问题。也许孩子并没有抵触上学，但是却被雨妈妈锐利的话语生生逼出了抵触心理，这是存在于很多家庭中的问题。

当孩子好奇时，父母应该积极给予回应，而不是对孩子的提问做出进一步提问，这不仅让孩子的问题得不到解答，甚至还会让孩子产生意料之外的消极心理。父母应多去观察和理解孩子，如果父母意识到孩子的问题和某种原因有关，回答就会更合理。父母首先应该就事论事，解答孩子的问题。其次，可以结合实际原因来完善回答，减少空洞感，让回答更具人情味。

积极回应，就事论事

琪琪：妈妈，强强说他爸爸是处长，比我爸爸的官大，是真的吗？

妈妈：强强爸爸和你爸爸一样，都在努力做本职工作，他们只是职务不同，并不存在官大官小的问题。

对于孩子正常的提问与好奇，家长应该做出正面、积极的回答，而不是敷衍了事。就事论事，其实对父母的要求较高。如果父母的回答有失偏颇，将会导致孩子的认知错误。因此，父母在回答的时候应该想好了再说，即使不够精确，也要尽量避免差错。

结合孩子的心理与社会实际

琪琪：妈妈，为什么疫情已经结束了，我们还要戴口罩？

妈妈：疫情并没有完全结束，只是我们暂时具备了一定的免疫力。但病毒很狡猾，如果我们不小心，还有可能被它伤害。所以，我们现在不仅要戴口罩，还要保持之前的良好卫生习惯，让病毒没有机会再伤害我们。

很多问题并不需要多么官方或者科学的回答，关键在于让孩子理解和体谅。这就需要父母体察孩子的心理，并结合社会实际做出合理的解释。

总　结

　　孩子好奇心强烈时，正是引导他们认识世界、认识社会的好时机，父母需要格外留意孩子当时的神态、心理等。对于单纯的知识性问题，父母即使做不了完美的解答，也应当尽量避免差错，这也对父母提出了不断学习、充实自己的要求。对于孩子受环境影响而提出的问题，父母应该结合孩子的心理状态和社会的实际情形，做出合理、妥善的回答。

04

妈妈，你今天不开心吗？

——孩子关心父母时，真诚感谢

情景再现

透视镜

　　妈妈平时在琪琪面前展现的都是精力充沛、情绪积极的样子，但是这天晚上琪琪却发现妈妈始终兴致不高、沉默寡言，这令琪琪很疑惑，于是主动关心妈妈。父母关爱孩子的行为几乎不会被人特意提及。但是孩子主动关心父母的举动，父母应该予以注意并表示感谢。

　　当你的孩子主动关心你的时候，你的第一感觉是怎样的？是警觉孩子是否犯错误了，然后立刻质问他？还是惊喜自己的母爱终于感动孩子了，然后称赞他？抑或是在你情绪低落，被琐事纠缠的时候，对孩子的询问不上心，让他管好自己，别来打扰你？

　　孩子第一次能够注意到父母情绪不佳并且来主动地关心父母，大部分情绪不佳的父母应该都会被孩子的举动感动。然而，怎样回应才能既让孩子感受到坦诚，又不会将自己的负面情绪传染给孩子呢？下面让我们来看看晴妈妈和雨妈妈的回答吧。

晴妈妈

　　宝贝，谢谢你关心妈妈。妈妈今天没有说很多话是因为明天的工作中有一项难题等着我处理，就跟你明天要考一张很难的试卷一样，我有点紧张和害怕。不过不管有多难，我都要勇敢地、尽最大努力去做。其实爸爸妈妈并不是每天都精神饱满，我们也会遇到很多事情，有烦恼，有忧愁，跟你上学是一个道理。但是，你放心好了，没什么大事，妈妈都能处理好的。

雨妈妈

　　有这么明显吗？那你还不反思反思，妈妈哪次心情不好不是和你有关，你想想最近犯什么错了，或者在学校有没有什么地方做得不够好，在家里有没有不听话，在爷爷奶奶家里的时候有没有调皮。看你能不能想到。

回话技巧

　　首先晴妈妈为孩子能够体察自己的情绪并主动关心自己表达了感谢，这样的表达能够让孩子意识到主动关心他人是一件令对方感动的好事，从而促进他养成懂事体贴的习惯。

　　其次，晴妈妈并没有将自己的烦恼一一解释给孩子，而是用一个孩子能够理解的例子让孩子感受到妈妈的情绪。这种回应既能让孩子明白妈妈的难处，也不至于令孩子担忧。

✕ 错误表达

　　雨妈妈首先对孩子能够体察到自己的情绪感到了惊讶，暗示了她其实对自己的孩子没有太多的期待。

　　其次，雨妈妈将自己情绪不佳作为一个让孩子自省的契机。如果原因果真在于孩子，这样的回应无可厚非。但是如果原因不在孩子，这样的回答虽然能让孩子自省，但是也会令孩子担忧，如果孩子并没有表现不妥，实际上是替妈妈的情绪背了黑锅。长此以往，恐怕孩子也不敢再主动关心父母了。

　　孩子能够体察父母的情绪并且主动关切，说明孩子具备了一定的共情能力。那么，父母要不要在孩子面前收敛自己的情绪呢？如果在父母的判断中，父母的情绪不仅孩子难以理解，反而会影响他的情绪，那么尽量不要让孩子知道；如果父母认为孩子能够给到适当的慰藉，并且他也已经到了该明白这些事的年纪，则不妨向孩子说一说。

表达感谢，宽慰孩子

琪琪： 妈妈，你一下午好像心情都不太好，怎么了？

妈妈： 琪琪，谢谢你关心妈妈。妈妈只是有点感冒了，鼻子不通，嗓子疼，所以没有说什么话。别担心，妈妈吃过药了，休息一会儿就好，没事儿。

>>>

当孩子会主动关心父母的时候，父母一定要表达感谢。不要觉得和孩子之间是否有这种表达无所谓，一声声"谢谢"其实就是一种以身作则的教育。另外，孩子对于成人间的很多复杂的事情并没有概念，所以尽量不要令孩子为这些事情过于担忧。

真诚地解释，传达正能量

琪琪： 爸爸，你是不是工作上遇到困难了，所以才这么忧愁？

爸爸： 是的。就像你刚学习了新的知识点，但是一直搞不明白，你肯定也会担忧的。爸爸也一样，工作上有难题要解决。但是再难，爸爸都不会放弃，一定要把它拿下。

>>>

关于工作上的忧愁，父母可以不用跟孩子讲得那么明确，可以用一些恰当的例子来加深孩子的理解。并且通过展现自己对待困难的态度，向孩子传达正能量。

总　结

随着孩子逐渐成长，共情能力会越来越强，逐渐能够体察到父母的情绪，并且学会主动关心父母。这是一件令父母感动和感到慰藉的事情。在这种时候，父母应该向孩子表达感谢。感谢是相互的，父母对孩子表达感谢，会反过来让孩子意识到应该在更多事情上对父母表达感谢。另外，父母应该让孩子感受到正能量。最后，适当地向孩子求助也是促进家庭关系和谐的好方法。

这下就没有朋友陪我一起上学了
——孩子面临离别时，耐心安慰

05

情景再现

妙妙，你家里的家具怎么很多都没了？

我们很快就要搬走了。

那你还会和我在一个幼儿园吗？

我们要搬回老家，我要在老家上幼儿园了。

妙妙要回老家了，以后就不能和我一起上幼儿园了。

透视镜

　　琪琪一直以来都是和她的好朋友妙妙一起上下学的，两人友谊深厚。但是妙妙要回老家上学了，琪琪意识到自己以后就没有朋友相伴了，感到非常落寞。小小年纪就要与好伙伴分离。孩子的世界里并没有"海内存知己，天涯若比邻"的想法，也没有想到下一次在哪里再见，何时才会再见，再方便的通信对于他们都没有什么概念。这种落寞和不舍是最真实最纯粹的。

父母都明白分离是人生常态，以后孩子会和老师、同学分别，和亲人分别，和童年、少年、青年时的自己分别……现在家长可以陪伴孩子度过一次次分别，可终有一日他会和父母分别，那时他会怎么应对呢？或者说父母放得开手吗？父母应该重视孩子面临每一次分离时的表现，因为并不是每一个孩子都能坦然面对分别。

如何把这一残忍的事实传达给孩子又能让他从容地走出失落呢？对此晴妈妈和雨妈妈给出了她们的回应。

晴妈妈

琪琪，你要知道妙妙不是不愿意和你一起上学，也不是因为不喜欢你而离开这里回老家。妙妙妈妈告诉我是因为妙妙爸爸工作变动所以他们不得不搬走。你不是有妙妙微信吗？以后可以和妙妙语音或者视频聊天。妈妈也和妙妙的妈妈有联系方式，他们的老家也不远，以后放假咱们可以去那里旅游，你还是可以和妙妙一起玩。琪琪，等新学期开学了，你就可以认识更多的小伙伴了，你的同学里好多都和我们住一个小区，你以后肯定能找到一起上下学的小伙伴。

雨妈妈

琪琪，那你能怎么办呢？你能不让妙妙一家走吗？你能让妙妙爸爸工作不调动吗？这些客观事实，咱们是没有办法改变的。所以我们应该尊重妙妙家的选择。而且以后这样的事情还会发生，你需要习惯。朋友以后还会有的，不要焦虑，你还有爸爸妈妈一直陪着你呢。

✅ **回话技巧**

　　首先，晴妈妈解释了妙妙一家搬走的原因，让琪琪不要有心理负担。然后，她提醒琪琪目前的通信条件完全可以支持她和妙妙保持联系，而且愿意以后帮助她和妙妙见面，让琪琪知道分别只是暂时的。

　　最后回到现实的问题上，她安慰琪琪以后还会结交更多好朋友。

❌ **错误表达**

　　雨妈妈的回应稍显冷漠，一个接一个的反问让琪琪迅速意识到摆在她面前的是一个不仅她改变不了，而且父母也没办法改变的事实。

　　雨妈妈简单的一句"你需要习惯"，对于一个孩子太过随意。习惯是需要经年累月养成的。

　　父母应该能明白，年龄较小的孩子并不会被这种离愁别绪困扰太久。他们看到的和感受到的世界会越来越大，认识的人会越来越多，明白的事情也会越来越多。所以，孩子越大，反而在分离这种事情上会让父母操心更少。只是在最初阶段需要父母耐心的劝慰。

解释原因，尊重选择

琪琪： 妈妈，我和妙妙玩得那么好，为什么她还要离开呢？

妈妈： 琪琪，妙妙也不想和你分开呀。但是她的爸爸因为工作原因要回到老家工作，总不能把妙妙和她妈妈丢在这里不管吧，肯定要一家人住在一起呀，你想想是不是。既然这是人家做出的选择，我们就应该尊重。

孩子在不了解事情全貌的情况下，会纠结、不解，这个时候需要父母耐心地向孩子解释清楚分别的原因，并且引导孩子尊重他人的选择。

引导孩子结交更多的朋友

琪琪： 爸爸，这下子我要一个人上下学了，也没有人陪我玩了。

爸爸： 琪琪，你最近几乎没到小区公园里玩了，晚上爸爸可以陪你去那里逛逛，那里的小朋友很多，说不定你见到的就是你未来的同学哟。

当孩子的玩伴离开后孩子难免落寞孤独，这个时候父母为了帮孩子尽快脱离这种状态，可以带孩子去小朋友多的地方，结交更多的朋友。一段新的友情，可以驱散离愁别绪。

总 结

童年的友情纯粹而可贵，分离到来时，也会让孩子倍感失落。但是现实就是如此，很多时候父母也无力改变。这个时候父母应该耐心安慰孩子，向他解释离别的原因，引导他学会尊重别人的选择。当孩子忧虑和朋友会失去联系的时候，父母应该尽可能帮助孩子们维系珍贵的友情。当然，为了让孩子不孤单，早日走出失落，父母可以帮助孩子结交新朋友。

06

外公是不是不会醒过来了?

——孩子接触死亡时，别掩饰

情景再现

透视镜

　　两岁以内的孩子对死亡并没有较清晰的概念，父母大可不必细致地解释给孩子听。但是三岁以上的孩子已经逐渐能把死亡和永久分离联想在一起。琪琪问出这样的话时，如果父母不以实情告知，恐怕会令孩子多想。与其让孩子从其他地方得知死亡的真相，不如由父母来进行死亡教育。

　　孩子在幼儿时，即使周围有人去世，父母考虑到孩子的理解能力，也不会如实告知。当然，随着孩子年龄越来越大，他们接触的人与事越来越多，对于身处的情景有了更多的感知，花草的凋零、宠物狗的死亡、老一辈亲人的离世、去过的灵堂、戴过的黑色袖章等，都让他们对死亡的认识逐渐清晰。

　　死亡是一个沉重的话题，很多人对它闭口不谈。当孩子提起的时候，有些家长还有些忌讳。但是有一天当孩子直面死亡的时候，你依然要保持沉默吗？如果你愿意谈起，又应当如何说出口呢？

　　面对琪琪的提问，晴妈妈和雨妈妈又会给出怎样的回应呢？

晴妈妈

　　琪琪，你现在知道为什么我哭得那么伤心了吗？是的，外公已经去世了，去世的意思就是永远不会醒过来了，妈妈再也没有爸爸可以陪在身边了，所以我很悲伤。但是琪琪你要知道，人的生命都有期限，时间一到，都会离开。外公的生命闹钟响了，所以他要走了。不过，你是不是会永远记得外公？如果我们所有人都记得他，他就不会消失，只是生活在另一个遥远的地方，可能会在我们的梦里来看我们。

雨妈妈

　　琪琪，外公再也不会醒来了，他已经永远离开了，所以妈妈才会哭得这么伤心。不过外公已经活了很大年纪呢，看着他的儿女都成家立业，已经没有遗憾了。

✓ **回话技巧**

首先晴妈妈向琪琪解释了何为死亡，以及亲人们如此悲伤的原因，肯定了琪琪对此情此景的认知。

另外，晴妈妈并没有对死亡本身深究，而是转到人的生命长度，以"闹钟响了"比喻外公离世，让一件现实、哀伤的事情多了浪漫色彩，易于接受。也为孩子以后面临更多亲人、朋友的离世做了心理准备和铺垫。

接着，她引用了一个美好而充满希望的说法，后人记得亡人，亡人便永远存在，让所有怀念亡人的人有一份念想。

✗ **错误表达**

雨妈妈则直截了当地告诉琪琪外公再也不会醒来了，没有过多的解释，会给孩子造成一定程度的冲击，即使孩子已经理解了死亡，但是难免被哀伤包围。

如果孩子对亲人的离世表现得很悲伤，一方面说明孩子和亲人的感情很深，另一方面说明孩子的共情能力较深。面对孩子的悲伤，父母要给孩子悲伤的空间，不要以哄骗的方式去扭转孩子的情绪。和大人一样，孩子也需要让自己的情绪有个倾泻的地方。与其让孩子在日后对生死有了更深的认识后不时触动，不如尽早让孩子了解死亡。

管理情绪，适时解释

琪琪： 妈妈，你怎么哭得这么伤心啊？是不是外公永远醒不过来了？

爸爸： 琪琪过来，到爸爸这里来。妈妈现在很伤心，我们陪陪她，等她不哭了再和她说话。

当大人沉浸在悲伤中的时候往往分不出心来为懵懂的孩童解释那么沉重的话题，这个时候父母应该首先让自己的情绪得到宣泄，冷静下来后再给孩子做出清晰、明确的解释。

传达情绪，重视仪式

琪琪： 妈妈，你昨天哭得好伤心啊，我都不知道怎么办了。

妈妈： 琪琪，妈妈这么伤心是因为去世的那个人是我的爸爸，是这个世界上最爱我的人。明天我们要去送外公最后一程了。明天以后他就再也不能陪在我身边了，我也再也听不到他的声音了。你想想如果我和爸爸要永远离开你了，你伤不伤心？

当孩子对死亡没有深刻认识的时候，父母应该解释其中深刻的情感体验，让孩子有深刻的感触。

总 结

当孩子面临死亡这一沉重的人生课题时，父母不要掩饰，应该坦诚地向孩子解释。不过父母在向孩子解释死亡的时候应该管理好自己的情绪，不要在极度的悲伤中解释，先给自己冷静下来的时间和空间。另外，如果找不到合适的话语来解释，不妨借助绘本来阐释科学的知识。如果孩子尚且没有理解亲人离世的沉重，父母可以多向孩子传达一些情绪，并且通过带他参与仪式，获得对死亡的深刻认识。

小孩宁愿被仙人掌刺伤，也不愿听见大人对他的
冷嘲热讽。至少伤痕是看得见的，而责骂带来的
伤口是无形的。

第三章

冷静回应：

平心静气地和孩子对话

我就不走，我还要玩一会儿

——孩子任性时，别吼叫

01

情景再现

透视镜

　　孩子因为贪玩而不听父母的话，经常会引起亲子矛盾。从孩子的视角来看，他只是想多玩一会儿，并不觉得妨碍了谁；而在父母看来，玩当然可以，不过得有个度，出去玩耍也应该按时回家，如果孩子任性不改，自然需要教训一番。任性，是很多孩子性格中都存在的一面，也是极易引发亲子矛盾的一面。如果父母面对孩子的任性只会用吼来威慑，终究是治标不治本的。

　　傍晚，你拖着疲惫的身躯回到家中，看到孩子正在看动画片。当你推开孩子卧室的门，就看见满地散落的玩具，书桌上的作业只写了几个字，零食拆了一包又一包……当你喊他吃饭的时候，他磨磨蹭蹭，对着电视依依不舍。孩子刚吃了几口饭，就说吃不下去了，你知道这是因为他零食吃多了。当你忍不住质问他的时候，他反倒不客气地回答："我就是不想吃饭，你为什么要逼我吃呢？"

　　任性、叛逆是孩子成长过程中的必经阶段，在此期间，如果孩子一任性，父母就冲他吼，试图以父母的权威来镇压孩子，那么很可能就此打击了孩子的积极性，这对于孩子未来的学业、事业都会造成消极的影响。

　　回到琪琪的问题上，如果你是她的妈妈，会如何解决这件事呢？

晴妈妈

　　琪琪，妈妈是不是在你出来之前就和你说过，到了吃饭的时候要回家吃饭，你也答应了妈妈，为什么现在说话不算话了呢？你在别人家多玩一会儿，家里饭菜就冷了。而且这个时间点，人家也要吃饭了，你留在那里，人家还要招待你，这不是给人家添麻烦吗？如果你是因为真的很喜欢积木，你可以回来告诉我，妈妈给你买；如果是舍不得同学，以后去她家里玩的机会很多，不急这一会儿。

雨妈妈

　　你怎么这么不听话？来的时候说得好好的，到了中午就回家吃饭，我打了多少遍电话了，你总是说"等一会儿"，从十一点半等到了一点你还没回家，饭菜都冷掉了。人家里下午也需要休息的，你真是太不懂事了！那么贪玩，怪不得这几次成绩这么不理想！你如果再这个样子，下次不许去同学家里玩了！

回话技巧

晴妈妈的回答很有逻辑，首先她没有直接指责自己的女儿，而是点明曾经有言在先——约定中午回家吃饭，让女儿意识到是她没有遵守约定。然后阐述事实——回家迟了饭菜会冷。同时，她也在为女儿考虑，如果是因为特别喜欢积木，大可和父母商量去买；如果是舍不得同学，也可以以后常常去玩。晴妈妈的回答全方位地把琪琪行为不当的事实摆了出来，有理有据，底气十足，既打消了孩子胡搅蛮缠、狡辩的念头，也有利于孩子快速意识到自己的错误。

✗ 错误表达

雨妈妈的回答可能更加接近大多数家长的反应，即一上来就指责孩子不听话，不懂事。如果当着外人的面说，更会打击孩子的自尊心。

和很多父母一样，他们在训斥孩子的气头上，容易脱离事件本身。譬如雨妈妈，本来是教训孩子贪玩不按时回家吃饭，却扯到了近几次考试成绩不理想的事。这不仅不利于孩子自觉意识到自己的错误，而且很容易引起孩子的抵触和叛逆心理。

父母在教育孩子的时候要注意方式，过于苛刻会令亲子之间的关系变得疏远。

当孩子的自主意识发展到一定程度，和任性、叛逆一同出现的还会有自尊心和羞耻心。这个时候，如果父母常常当着外人的面透露孩子的隐私或者公然训斥孩子，一来容易引发孩子更为强烈的逆反行为；二来会深深地伤害孩子的自尊心，从而产生更加严重的后果。所以，当孩子任性妄为的时候，父母要保持冷静和理智，让自己的一切言谈和举止都恰当。

契约精神

琪琪：爸爸，我想去同学家里玩会儿，一会儿就回来。

爸爸：行啊，但是中午要回来吃饭。如果你不回来下次就不许去同学家里玩了，你能做到吗？

琪琪：我能做到，放心吧，爸爸。

一些人之所以不敢犯法，是因为知道犯法的后果难以承担。对待日渐任性的孩子，父母应该逐步培养他的契约精神，首先就从教育孩子遵守和父母的约定开始。对于孩子并不过分的请求，父母答应后，为防止孩子行为出格，可以提前予以一个足以威慑孩子的警告。

热处理或冷处理

琪琪：我不走，我就想多玩一会儿，为什么不可以？

妈妈：琪琪，爸爸刚才出差回到家，给你带了礼物，你就不想看看吗？／好，你如果现在不回来，那我就不给你打电话了。

热处理是指在孩子执意要做某件事的时候，用另一件足以吸引他的事情转移他的注意力，从而打消他的反抗情绪。

冷处理是指不再步步紧逼，而是给孩子留足个人空间，让他反思，逐渐意识到自己行为不当，主动改变。

到底是热处理还是冷处理，终究还是由孩子的性情决定。

总　结

孩子任性，父母不应该如临大敌，忧心忡忡，而是应该注意到孩子的自主意识已经发展到了一个新阶段，在这个时候，要做的不是打压孩子的反抗精神，而是疏解他们的叛逆心理，把他们的自主意识引到一条更健康、和谐的道路上。

面对任性的孩子，父母应该保持一致的态度，学会和孩子做约定，根据孩子的性格和所处的情景，选择采用热处理或者冷处理的方式。

02

爸爸的笔记本电脑是我摔坏的

——孩子犯错时，别责骂

情景再现

透视镜

　　琪琪因为自己的过失而摔坏了电脑，在爸爸妈妈发现的时候及时道歉并承认错误。摔坏了家人的电脑，是一件可大可小的事，孩子如何解释以及父母如何处理，能影响这件事的定性。

在孩子的成长过程中，犯错是在所难免的。孩子犯错分为偶然性犯错和故意犯错，二者性质不同，家长应对的方式理应不同。

当孩子偶然犯错，并且已经意识到自己的错误而道歉时，父母应该尽量克制自己情感上的冲动，平心静气地听孩子解释，并在此过程中观察孩子犯错是否是孩子的无心之举，孩子是否真正意识到了自己的错误，然后和孩子一起商讨补救措施，教育孩子对同类事件多加小心，吃一堑长一智。对于故意犯错的孩子，父母应该格外严肃对待，了解孩子的行为动机，坚决纠正，但切忌暴力处理。

如果你是琪琪的父母，听完孩子的道歉和解释，看到此情此景，你会怎么办呢？

晴妈妈

琪琪，你没被砸到吧？这一声把我和爸爸都吓到了。你先把电脑给爸爸看看哪里坏了，明天让爸爸带去修一下。下次一定要注意了，电脑上插着耳机不能忘记拔下来，要是电脑砸到脚就不得了了。既然你知道错了，那明天问问爸爸维修花了多少钱，你就拿你的压岁钱还给爸爸吧，你要知道，无论犯了什么错都要去弥补的。

雨妈妈

琪琪，你也太不小心了！光顾着玩，起身也不知道拔耳机，太马虎了！电脑摔成这个样子，爸爸工作也要耽误了，还不知道能不能修好，就是能修好也要花不少钱，唉……

回话技巧

首先，晴妈妈询问孩子有没有受伤，这一举动已经透露出对孩子的关心。其次，她并没对孩子极力渲染电脑损坏的后果，而是把维修的事情交给爸爸处理，并且提醒孩子注意事项。但是如果晴妈妈只说了这些，未免轻描淡写、不够深刻，所以她在最后向孩子点明错误既然已经犯下了，必须要付出代价来弥补，而这代价也应该和过错带来的损失相符，能给孩子足够的威慑。这是教育犯错的孩子时必不可少的一点。

错误表达

雨妈妈的反应强烈，是日常生活中大多数父母的写照。看到电脑损坏的场景就火冒三丈，指责孩子粗心马虎，然后极力渲染这一过失带来的后果，这虽然能让孩子深刻地意识到自己犯下的错误之大，但也会让他勇于承认错误的心被父母的威严震慑住，以后可能会不再敢承认错误。

雨妈妈的话虽然都是事实，但是表达的方式却过于情绪化。斥责孩子确实能抒发父母的怒气，但是对于心智尚未发育完全的孩子来说，是意义不大的。孩子犯错后，父母不仅要让孩子意识到自己的错误，主动悔过，也要引导他们解决问题，弥补过错。

父母在孩子犯错，尤其是造成较大财产损失的时候，难免情绪不好，以至于和孩子说话的语气不好。但是如果孩子已经意识到自己的错误并且道歉了，父母理应克制自己的脾气，耐心听孩子解释，给予孩子足够的尊重。而且父母处于气头上，失去理智，很可能说出很伤人的话，等父母意识到的时候，给孩子心理造成的伤害已经难以弥补了。

细心观察，耐心倾听

妈妈： 琪琪，是什么东西掉下来了吗？

琪琪： 妈妈，对不起，我不小心摔坏了电脑，但我真的不是故意的，请你听我解释……

妈妈： 好，你说，到底为什么会摔坏？

法官断案不能听信一面之词，所以在面对孩子的解释时，父母也应该有足够的判断力，不要急于定性。一方面，父母应该留意周围情境，判断大概发生了什么；另一方面，在孩子解释的时候，观察孩子的言语、表情、动作等，结合自己的对孩子的了解，判断他说的话的可信度。

可以批评，但不要打击

琪琪： 对不起，是我忘记拔耳机了，把电脑拖到地上砸坏了。

爸爸： 下次一定不能这么粗心了，明天爸爸把电脑带去修一下，你就拿压岁钱还给爸爸吧。

孩子犯错时，父母可以针对孩子的错误行为进行批评，但是也需注意用词。如果父母重复用一些严重的字眼来指责孩子，会让孩子的自信心深受打击，反而在日后面对类似的事情时畏缩不前。与其花时间在训斥孩子上，不如引导孩子如何解决当下的过错。

总　结

　　孩子犯错时，家长应该保持冷静和理智，不要不知轻重地责骂孩子。随着孩子越来越成熟，自尊心和自信心一旦受到打击，会产生深远而不可估测的影响。父母理应给孩子解释的机会，耐心倾听，在给足孩子安全感的情况下，对事件做出合理的判断。即使孩子是无意间犯错，但是鉴于损失和伤害已经造成，父母应该引导孩子弥补过错，让他知道犯了错要付出代价。

凭什么我要听你的?
——孩子顶嘴时，别冲动

03

情景再现

> 哇！这么多压岁钱！

> 我要买漫画书，还要买……

> 我的压岁钱我来保管。

> 凭什么我要听你的?

透视镜

琪琪坚持由自己来保管压岁钱，而妈妈认为琪琪还没有能力保管，于是执意要求由自己来保管，琪琪一气之下跟妈妈顶嘴，反过来质问妈妈。随着孩子越来越大，语言表达能力不断增强，在发生亲子矛盾时，常常会和父母顶嘴。当孩子顶嘴时，如果父母也控制不了自己的脾气，那么家庭矛盾会因此愈发激烈。

你还记得你的孩子第一次和你顶嘴时的样子吗？是张牙舞爪还是怒气冲冲，抑或是畏畏缩缩？你是否感到很惊讶，那个在自己怀抱里长大的只会咿咿呀呀的孩子现在居然会和自己顶嘴了？你是否对有朝一日被自己的孩子质疑感到愤怒？还是说，你早已经做好了准备，明白终有一日他会和你出现分歧，站在你的对立面……

孩子和大人顶嘴，很大程度上是因为孩子的意愿没有受到尊重与理解，还要面对父母强势的话语压制。当孩子的语言表达能力和思维水平都发展到一定程度，他会空前渴望表达，渴望争辩，渴望被重视与理解，如果父母一意孤行，不予理睬，很可能使亲子间的隔阂越来越深。

如果你是琪琪的父母，面对孩子和自己顶嘴的状况，你会怎么办呢？

晴妈妈

琪琪，今天你问妈妈"凭什么我要听你的"，不是说因为我是你的妈妈你就一定要听我的，而是单纯就谁来保管压岁钱这一点上，妈妈觉得你应该听我的。因为妈妈知道你现在还不够细心，你放钱的地方不一定安全，最后可能忘记放在哪里了。你放心，即使妈妈帮你保管，也绝对不会用它们的，它们都是你的。妈妈还可以帮你存在银行里，每年的利息给你作为零花钱，难道不好吗？

雨妈妈

你这小孩真是不懂事，还说"凭什么我要听你的"，凭我是你妈妈，钱放在我这里肯定丢不了，去年的压岁钱你要自己收着，后来呢，我就再也没看到过了，原来你自己都忘记放在哪里了，一家人都在帮你到处找。这次不管怎样，都要由我来保管。再说，你一个小孩子，要那么多钱干什么呢？

✓ 回话技巧

晴妈妈没有在公众场合教育自己的孩子，而是在众人面前先安抚自己情绪激动的孩子，回到家中再教育，向孩子解释自己的用意。如果父母没有重视孩子的自尊，不分场合地训斥孩子，会让孩子感到羞耻，从而激化矛盾，更别说能听进去父母的教诲了。同样的，父母也会因此而处境尴尬，本来开开心心的宴席，因为一家人的矛盾而气氛尴尬，这是所有人都不希望看到的。此外，晴妈妈回去和琪琪谈话的时候，一上来就解释"不是说因为我是你的妈妈你就一定要听我的"，而是和孩子站在平等的地位，就事论事，把利与弊和孩子解释清楚，让孩子心服口服。

✗ 错误表达

雨妈妈的回话则是典型的反面教材。她做得不恰当的一点在于和孩子发生争执的时候无法心平气和，克制不了自己的脾气。即使想要立刻反驳孩子的质问，也应该注意语气和用词。另外，她一上来就将孩子定性为不懂事，这对于一个本来就一肚子不服的孩子来说，无疑是火上浇油。而且为了驳斥孩子自己保管压岁钱的要求，她把孩子之前忘记压岁钱放哪里的旧事拿出来讲，更容易让孩子觉得羞耻，觉得在众人面前没了面子。最后，她认为小孩子要这么多钱没有用，暗示了她认为小孩子不应该拥有这么多钱，这不仅是对孩子的打击，也是对给孩子压岁钱的亲戚的不尊重。

不管是孩子还是父母，都不希望在众人面前发生争执，都不希望自己颜面扫地。在公众场合如果有发生争执的苗头，应该尽快扑灭。父母应该在日常生活中教育孩子在公众场合约束自己的言行，克制冲动，理性行事。

注意场合，机智应对

琪琪：　妈妈，我就是要买店里的那个玩具，你要是不给我买，我就坐在这里不走了！

妈妈：　但是今天妈妈剩下的钱已经不多了，你就算赖在这里我们也买不起啊。你乖乖跟我回家，下次我们来这里带够了钱就给你买好不好？如果你非得闹脾气，我就一个人回家了。等会儿保安叔叔就会把你赶出去。

>>

面对在公共场合撒泼顶嘴的孩子，大多数父母应该都很头疼。如果不能妥善解决，不仅会和孩子闹得很不愉快，也会让别人看笑话。所以，父母在教育孩子的时候一定要注意场合，注意分寸，能回家解决的问题尽量回家关起门来解决。应对孩子的胡搅蛮缠，父母还可以曲线救国，机智应对，轻微的恐吓、利诱等都不失为救急的方法。

站在平等的位置和孩子沟通

琪琪：　为什么你就不能让我自己保管呢？大人真是不讲理！

爸爸：　因为爸爸知道你现在还不够细心，你放钱的地方不一定安全，到头来可能忘记放在哪里了。

>>

随着孩子越来越大，他们形成了自己的价值观，有了权利意识。一旦自己的权利被威胁，就会开始为自己争辩。如果父母还以高孩子一等的视角来俯视孩子，事事都以一句"凭我是你妈/爸"来应对，会让孩子觉得和父母难以沟通，渐渐变得疏离。

总 结

孩子顶嘴时，父母切忌冲动，不要不分场合对孩子加以训诫，到头来让自己和孩子都丢了面子，而是要克制情绪，在适当的环境里心平气和地沟通。对于孩子的质问，父母应该敏锐地意识到孩子的需求和想法，站在和孩子平等的地位进行有效沟通。但若是孩子胡搅蛮缠、不讲道理，适当的恐吓、利诱也不失为救急的好方法。

04

我还没收拾好，等等我
——孩子拖拉时，别催促

透视镜

　　琪琪因为出门前做事拖拖拉拉，让父母等得不耐烦，最后因为父母不耐烦地催促琪琪才有了紧迫感。拖延症，是当下社会中非常常见的社会现象，一个人尽管知道自己推迟做某件事会给他人带来不良影响，但还是会推迟做这件事。做事拖拉不仅会给他人带来麻烦，也会让本人产生负罪感和自卑心理。

为什么越来越多的孩子明明知道自己拖延会带来什么样的后果——引发父母或其他人的不满或者影响集体目标的达成，但他还是忍不住拖延？为什么拖延会成为一种群体性特征？因为人们会对开始做任何任务或决定感到焦虑，而将拖延作为应付焦虑的一种机制。焦虑这种情绪会随着事件的到来而产生，是人们难以自控的。举个例子，对讨厌数学或者数学不好的孩子来说，父母让孩子限时完成数学作业，孩子明明知道在规定时间里没有完成会受到父母的责备，但他还是磨磨蹭蹭地超时了。可见，拖延症并不只是简单的时间管理问题，而是深层次的情绪抵触和焦虑问题。

那么，面对有拖延症的孩子，父母到底应不应该在他做事拖拖拉拉的时候催促他呢？

晴妈妈

琪琪，妈妈不是昨天晚上就跟你说过今天要去奶奶家吗？就是希望你有个准备，不要跟平时一样磨磨蹭蹭的，没想到你今天还是这样不急不忙。一早上爸爸妈妈都催了你几遍了，你还是这个样子。奶奶等了一上午了，还以为咱们出什么事儿了呢。到人家家里做客，让人家等久了是不好的。

雨妈妈

琪琪，不早了，奶奶还在家里等我们去呢。这样吧，我和爸爸去车上等你，如果你能在五分钟吃完你的午餐，一分钟穿好鞋出门，我就答应你这周末让你去玩密室逃脱，但你要是做不到，这周末的外出活动就没有了。

✅ 回话技巧

晴妈妈首先点明琪琪没有遵守和爸爸妈妈提前说好的约定，一再拖拉，意在让孩子认识到自己行为的不妥。孩子做事拖拉，延误约定之期，在家里父母可能可以容忍，但是走上了社会就不会被容忍了，孩子面临的会是社会的冷漠。所以父母应该从小让孩子改掉做事拖拉、不守约定的坏习惯。

除此之外，晴妈妈提到了做客之礼首要的就是不能让主人久等。

❌ 错误表达

雨妈妈的反应比较冷静，但是却说着对孩子影响极大的话。如果孩子做得到，就有奖励；做不到，则有惩罚。这样的方式的确对孩子的驱动力极大。

但是利诱不可常用，一旦孩子明白了父母的心理，就会反其道而用之。一旦自己做了父母想让自己做的事，就要求父母给出自己想要的奖励。长此以往，会让孩子养成自私的性格。

其实很多人在做事拖延，没有完成预期目标之后都会很后悔。譬如孩子在深夜十二点拖拖拉拉地完成了他的作业后，第二天醒来发现自己又困又累，上课也完全没精神，作业还错误百出，于是对前一天晚上写作业拖拖拉拉的行为非常自责。所以，父母需要思考的不仅仅是如何预防拖延行为的产生，还要思考如何开导产生了拖延行为后陷入自责的孩子。

从根源上缓解焦虑

琪琪： 妈妈，今天的数学作业都是压轴题，我数学本来就不好，一晚上肯定做不出来。

妈妈： 没关系琪琪，既然是压轴题肯定不会简单的，也不是人人都会的。你只要尽最大的努力就行了，能写到哪一步就写到哪一步，实在不会的就去请教爸爸，如果能一点就通，效率也很高了。

做题拖拖拉拉的孩子，可能是他对这一学科本身就存在焦虑，所以迟迟不愿动笔，或者在写的过程中自暴自弃。父母应该给孩子做好思想工作，缓解孩子对这一学科的焦虑，做好辅助和引导工作，让孩子不要过度担忧。

自我同情，自我原谅

琪琪： 爸爸，明天上午就要考数学了，我还没有做完错题集，明天肯定考不好了。

爸爸： 琪琪，咱们现在就放平心态，能复习多少就是多少，尽最大的努力去考就行了。下次复习的时候做好规划，给自己更多时间去准备，我相信肯定不会像今天这样的。

如果一个人因自己的拖延行为陷入自责，给自己施加更多心理压力，反而会导致进一步的拖延。既然拖延症是一种源自心理焦虑的现象，那么应该从内部去寻求解决办法。既然再次施压会让孩子越来越焦虑，不妨在面对孩子拖延导致的失误时，承认和接纳孩子的不足，让他好好迎接下一次挑战。

总 结

　　想要让孩子改掉拖延的不良习惯，父母需要清楚拖延并不是简简单单的时间管理问题，而是一种由心理压力促成的行为。

　　面对孩子的拖延，父母尽量不要催促，不要制造焦虑，可以采取机智的方式曲线救国，譬如用适度的奖励和惩罚来激励孩子。或者可以从根本上改变孩子对某件事的刻板印象，缓解他的焦虑，这就需要父母有足够的耐心去了解孩子，陪伴孩子，及时给予孩子帮助和引导。

我还没有听懂，你能再讲一遍吗？

05

—— 孩子反应慢时，别心急

快要考试了，咱们一起复习。

这道题我不会，你教教我吧。

我还没有听懂，你能再讲一遍吗？

我都说两遍了！你又走神了吧！

我没有走神，就是还没听明白。

透视镜

　　琪琪写作业遇到难题，请妈妈辅导，但是妈妈讲了两遍琪琪还是没听懂，在妈妈有些着急的情况下，琪琪小心翼翼地请妈妈再讲一遍。出现这种情况的原因，一方面在于妈妈缺乏一定的耐心，没有考虑到女儿目前的思维水平；另一方面是琪琪的思维水平跟不上。

由于父母和孩子的认知水平、思维水平存在差异，所以在父母辅导孩子做作业时容易产生一些矛盾。孩子现阶段在面对难题时会显得迟钝、困惑，这都是正常现象。父母有没有反思过自己为什么在明白孩子能力欠缺的前提下仍对孩子冷静不下来？主要原因在于父母对自己的耐心预期过高，认为自己可以辅导孩子做好作业，但是发现到头来自己先被孩子的表现"逼疯了"。

从琪琪最后小心翼翼的请求可以看出琪琪此时对妈妈心急的表现已经产生了畏惧的心理。如果妈妈不能及时意识到自己语气不当并且改变自己的态度和方式，恐怕不仅这道题讲不通，而且琪琪以后也会对妈妈的辅导心生畏惧，甚至造成母女关系疏远。

下面让我们看看晴妈妈和雨妈妈会给出怎样的回答呢？

晴妈妈

对不起琪琪，妈妈刚才有点着急了。咱们不急，慢慢来，这是道难题，难以理解是正常的。你现在告诉我，妈妈刚才讲的方法里有你没学过的吗？（琪琪回答"有"）好，下次妈妈讲的过程中你就要提出来，不然妈妈也不知道你到底学过没有。那妈妈刚才已经讲了两遍了，你讲讲你现在能理解到哪一步，然后我们再往下说。

雨妈妈

不是妈妈说你，每次讲的过程中我问你能听懂吗，你都点头，但是一让你自己写，你就写不出来，我也不知道你到底是哪个地方不懂。这样不行啊！

✓ 回话技巧

晴妈妈听到孩子小心翼翼的请求后，迅速意识到了自己语气不太好，然后及时向女儿道歉。女儿能很快看到妈妈态度的改变，畏惧心理会减弱。

接着，妈妈解释这道题难，也是希望女儿不要有负担。她询问自己刚刚讲的方法有没有女儿没学过的，在了解女儿的学习情况后再继续沟通。

最后回归到题目本身，妈妈先问琪琪能理解到哪一步，从而知道女儿的知识掌握情况。

这种心平气和的回答方式能让双方的情绪尽快稳定，提高沟通的效率。

✗ 错误表达

雨妈妈的沟通方式则比较欠妥，一味的质问只能让孩子更紧张，对提问有畏惧心理。以后再出现类似情况，孩子更不敢提问了。

当父母发现自己辅导孩子经常容易发火的时候，应该在辅导孩子前做好思想准备，不要带着负面情绪去辅导孩子，以免一点就燃。如果父母经常在孩子面前展现暴躁的一面，不仅容易让孩子更加畏惧或厌恶父母，孩子可能也会在不知不觉中变得暴躁。所以，你不想孩子变成什么样子，就不要表现出什么样子。

发现和关注孩子的优点，鼓励孩子

琪琪： 妈妈，一道题你讲了五遍我才明白，我反应这么慢，你是不是很失望啊？

妈妈： 琪琪，每个人的反应速度都不同，有的人五遍都听不懂呢，也有人一遍就懂，我们要尊重这种差异的存在。而且妈妈不觉得反应慢是多大的缺点，反应慢一点，比别人多想一点，给自己多一点空间，也是很好的。

在妈妈的宽慰下，孩子能明白反应快慢这种差异应该被尊重。妈妈并没有要求孩子想快一点，而是鼓励孩子把握反应慢的那段时间，多想一些，想全面一些。

不要对孩子期待过高，摆正心态

琪琪： 爸爸，对不起，你说了这么多遍我还是没懂，让你失望了。

爸爸： 和爸爸妈妈不要说什么对不对得起的。只要你肯听，肯学，爸爸和妈妈都会继续帮助你。只要你尽力了，爸爸妈妈都不会对你失去信心的。

如果父母对孩子期望过高，那么在辅导孩子的时候意识到孩子的能力达不到自己预期的时候，就很容易着急发火，给孩子施压，造成一系列消极的连锁反应。所以父母不要对孩子期望过高，应先摆正心态，然后再从容地辅导孩子。

总 结

当孩子反应慢的时候，父母别心急。父母辅导孩子时，常常会着急发火。请父母换位思考，孩子的思维水平比不上成人，所以请多从孩子的角度思考问题，解释问题。不要对孩子预期过高，应放平心态，然后耐心辅导，少批评，多鼓励。孩子总是不在状态的时候，可以适时向老师求助，在父母和学校的合作下，为孩子的成长保驾护航。

06

你又不是我爸妈，凭什么管我？

——孩子无礼时，别暴躁

情景再现

乐乐，吃饭了。

你们先吃，别管我。

先吃饭吧，大家都在等你一个人。

你又不是我爸妈，凭什么管我？

透视镜

　　乐乐沉迷于打游戏，吃饭的时候让舅妈请了三次，最后还不耐烦地回答"你又不是我爸妈，凭什么管我"。当孩子做出这种非常没有礼貌的行为，说出如此无礼并伤人的话时，父母一定要及时干预，不能轻易带过。没有礼貌的孩子是会被周围人讨厌的。

孩子还未成年便如此没有礼貌，怎么指望他步入社会后做个文明人呢？孩子是否有礼貌是每个父母都应该重视的事情。但是在父母对孩子进行礼貌教育的时候，应反思为什么会发生这样的状况。你之前有教过孩子如何做一个有礼貌的人吗？在孩子第一次不跟亲戚主动打招呼的时候，你有让他重视这件事吗？在孩子每次躲在自己的小世界里不愿意和外界接触的时候，你有鼓励过他吗？教育孩子有礼貌应该是父母从孩子小时候起就应该做的事，在每次孩子行事无礼的时候就要让他引起重视，不要再犯。

面对乐乐这样的行为，如果你当时在场又会怎么做呢？

晴妈妈

乐乐，你到妈妈这边来，把手机给我。（乐乐不情愿地上交手机）你想想你刚才对舅妈说的话对吗？说好了只玩一个小时，你却玩到吃饭还不肯还手机。舅妈好心叫你去吃饭，你呢，推了三次，还对舅妈用这种语气说话。这是一种不讲礼貌的行为，你现在先去吃饭，然后吃完饭自己和舅妈道歉去。

雨妈妈

乐乐，把手机给我（乐乐不情愿地上交手机）。过来跟舅妈道歉，快点。（乐乐一脸不情愿的样子向舅妈道歉）你看看你说的是什么话！我不在你身边看着你，你就一点儿都不懂事。你以为在爷爷奶奶家里就没人管得了你吗？从今天开始，就不要想着玩游戏了，什么时候懂礼貌了再说。

 **回话技巧**

晴妈妈把孩子叫到自己身边，这样就能没有顾忌地教育孩子，给孩子保留了颜面。

她清晰地指出孩子错在何处，让孩子真正意识到自己的错误。

错误表达

雨妈妈选择在舅妈面前处理这件事，虽然彰显了自己说话管用，但是在孩子没有意识到自己的错误之前，逼着孩子道歉只会让孩子表现出不情不愿的样子，反而让在场的人觉得孩子没有诚意。

做父母的应该明白，自己的孩子在外人面前做出无礼的行为，说出无礼的话，不仅仅会让外人对孩子另眼相看，也会让外人对他的父母产生质疑。孩子在外的表现如何，代表着他的家教如何，他的父母是什么样的人。所以，千万不要忽视对孩子的礼貌教育。当孩子行为无礼的时候，父母应克制自己的脾气，不要暴躁，相对于怒气冲冲的责备之语，让孩子迅速意识到自己的错误并且及时补救更为重要。

发挥父母的示范作用

乐乐： 妈妈，那些亲戚一年我都见不到几次，有的根本就没印象，不好意思向他们打招呼。

妈妈： 你看爸爸妈妈每次去亲戚家都是大大方方地打招呼，这是基本的礼貌。下次再去亲戚家，你要大大方方地向他们打招呼。

没有谁天生就有礼貌，所以孩子表现得是否有礼貌，完全是靠后天培养的。父母应该给孩子做个好榜样。孩子天性喜欢模仿，父母的言行举止有礼貌，就是在默默地对孩子进行礼貌教育。

提前告知，随时提点

乐乐： 爸爸，有的时候我真的不知道怎么称呼那些初次见面的人。

爸爸： 以后爸爸尽量在每次见到那些人之前告知你一声，让你有个准备。在接触过程中，爸爸也会随时提醒你。只要你愿意，我相信你一定可以成为一个行事稳重、彬彬有礼的人。

父母在教育孩子懂礼貌的时候要格外注意细节，既要让孩子行为得体，也不能让他人尴尬。在带着孩子见亲戚朋友的时候，父母可以提前告知孩子要见哪些人，怎么称呼他。在接触过程中，父母在某些时刻可以给孩子一些提示，让孩子注意自己的行为和言语。

总 结

当孩子行为无礼的时候，父母切忌暴躁，不要为了自己的面子而当众逼迫孩子按自己的意志行事。教育孩子懂礼貌应该是融入日常生活中的事，父母应该给孩子做个好榜样。当孩子对如何表现自己有礼貌存疑时，父母应该从细节处帮助孩子。

当父母教育孩子遵守规则时，如果他们让孩子看到规则本身的公平性，而不是父母的权威性，那么他们就为孩子未来成为遵纪守法的人奠定了基础——在未来的日子里，父母并不总是能保持那样的力量与权威性。

第四章

坚定回应：
做有原则、有底线的父母

我不要上幼儿园，我要回家

——孩子迈不出第一步时，坚决助推

情景再现

透视镜

在月月上幼儿园之前，父母考虑到孩子从未单独离开过家，就为她做了思想准备，但是在校门口仍然上演了不肯上学的"惨剧"。曾经送孩子上过幼儿园的父母应该都经历过一群孩子撕心裂肺地哭泣的事。不仅孩子难过，家长心里也很无奈和焦虑，因为孩子已经到了应该离家上学的年纪了。

父母这个年纪的人回想幼儿园时光，总会觉得是那么美好，那么无忧无虑，所以父母极力向孩子描述幼儿园的好。但是为什么孩子到了门口仍然不愿意进去呢？其实说到底是孩子对父母的依赖太深。从小孩子就和父母待在一起，习惯了父母或者其他家人全天候的陪伴与照顾，乍一来到一个陌生的环境，面对素未谋面的同学、老师，多少会有些顾虑，产生心理上的排斥。

但是上幼儿园是孩子必须要经历的，他已经到了接受学校老师的教育，接受社会规范，扩大社交圈子的年纪了。如果这一阶段没有得到好的引导，孩子很可能会落后于同龄人。

晴妈妈

月月，到车里来，快把眼泪擦擦。你真的不进去了？我可看到你的老师给班上的小朋友们准备了好多精美的玩具和好吃的零食，你要是不去，你的那份就给别的小朋友喽。在家里咱们说得好好的，你要是乖乖地去上学，晚上就给你奖励。爷爷奶奶今天已经回乡下了，爸爸妈妈还要去上班，又不能带着你一块儿去，只能让门卫叔叔在门口看着你了。最后再想一下，到底要不要进去呢？

雨妈妈

月月，你怎么搞的呀？快把眼泪擦擦。在家里不是说得好好的吗？你说你能自己走进学校，到班级和小朋友们开开心心地玩耍，现在怎么反悔了？如果你今天不去上幼儿园，不仅没有奖励，以后什么零食都不会给你买了，而且今天也不会带你回家，你就在学校门口站着。我还要把你哭的样子发给弟弟妹妹看看，让他们知道你胆子真小，下次再也不带你玩了。

回话技巧

晴妈妈考虑到了环境对孩子的影响，首先将孩子带回车上，安抚孩子的情绪，让孩子平静下来，才能听进去父母的话。其次，晴妈妈描述了幼儿园的好处，有令孩子们心动的玩具、零食，勾起月月的欲望，从而促成她主动进校园。

最后，晴妈妈从现实的角度堵死了月月的退路——家中无人，父母有工作在身，月月只能留在幼儿园。

错误表达

首先雨妈妈和孩子谈话的时候应该注意到周围的环境——很多小孩子同时哭闹，在这样的氛围里，月月不一定听得进父母的话，可能会被群体的悲伤情绪影响而哭得越来越凶，所以父母最好将孩子带到僻静的地方说话。

其次，雨妈妈后半部分的话是在恐吓孩子，让孩子意识到自己不去上幼儿园会面临的不好结果，意在逼孩子去上幼儿园。虽然会让孩子有所顾忌，最终被迫上学去，但她并不是因为幼儿园的好处才去的，这样心不甘情不愿，进入幼儿园之后的表现令人担忧。

当孩子因为不肯上幼儿园这类事情而哭闹，父母切不可心软，不要因为这只是幼儿园就觉得孩子可去可不去，反正也不会有什么影响。这样的想法其实是害了孩子。如果孩子在应该离开家扩大自己的社交圈子和接受学校教育的年纪依然赖在家里，只会让他的恋家情节越来越重，和同龄人甚至是社会脱节。幼儿园是他的第一个正式的校园，父母应该以期待的态度，坚定地帮助孩子走出家门，看着他走进幼儿园。

预先做好功课

月月： 妈妈，你说过几天我就要上幼儿园了，幼儿园是什么样的呢？

妈妈： 幼儿园就在小区附近，今晚爸爸妈妈带你走过去看看。那里可好看了，一进去就有滑梯和跷跷板。我手机里还有老师发的图片，给你看看幼儿园里的样子，每个教室的桌椅板凳都特别可爱，还有很多小玩具。

孩子不愿意上幼儿园，是因为对陌生环境感到焦虑。鉴于此，父母可以运用已有的资源，提前带孩子熟悉和了解她即将去到的环境，将幼儿园美好的一面展现在她面前，勾起她的期待和向往，从而让她打心眼儿里愿意去幼儿园。这样虽然前期父母需要费点心，但是后期会省去很多麻烦。

同学相伴法

月月： 爸爸，明天在幼儿园里我谁也不认识，孤零零一个人，我害怕。

爸爸： 月月，小区里周阿姨家的孩子，就是经常和你一块儿玩的妙妙，她明天也跟你上同一个幼儿园，妈妈和周阿姨说好了，明天你们俩一起进去，坐在一起，不就有认识的小伙伴了吗？

孩子不愿意上幼儿园的原因之一在于对环境和人都很陌生，所以会焦虑和排斥。父母可以提前打探消息，让孩子和未来的同学早点认识，成为好朋友，在幼儿园里可以相互帮助和陪伴，有利于缓解孩子的消极情绪。

总　结

　　当孩子不愿意上幼儿园的时候，父母应该坚定地帮助他走出这一步。千万不要因为孩子的哭闹和死缠烂打而心软，否则就是害了孩子。父母应该耐心询问孩子不愿意上幼儿园的原因，然后对症下药，例如提前带孩子了解幼儿园，帮他找到同伴等。当孩子对幼儿园缺乏兴趣的时候，也可以适当地用一些事物让孩子对幼儿园充满兴趣。总之，不要耽误了孩子走出家门的最佳时期。

02

不给我买芭比娃娃，我就不起来
——孩子耍赖时，不迁就

透视镜

　　甜甜在买了玩具后又看上了新款的芭比娃娃，父母不允许她买，她就赖在地上不走，威胁父母。耍赖、闹脾气是孩童时期非常常见的一种现象，这个时候的孩子情绪失控，缺乏理智，很难把父母的话听进去，更不理解父母和自己作对的原因，常常因此闹得家长十分头疼。

如果孩子经常耍赖，父母应反思，大部分时候自己是如何处理的。是严词拒绝，任由他闹，最后让孩子自己意识到自己的无赖之举；还是每一次看到孩子有耍无赖、闹脾气的迹象就连忙哄着，满足孩子的要求，尽管那些要求在你看来有些无理；抑或是先拒绝他的要求，任他闹，但是最终自己看不下去了，不堪其扰，然后把他哄好？如果父母的行为是第一种，一般来说，孩子不可能高频率地耍赖。如果父母的行为和后两种类似，那么父母无异于孩子养成耍赖习惯的"帮凶"。

孩子是否经常耍赖，和家庭教育密切相关。孩子耍赖时，父母对孩子娇惯、放纵很容易获得片刻的安宁与和平，但是从长久来看，会让孩子形成"只要我这样做，爸爸妈妈就会满足我的愿望"的错误心理，当他步入社会后，这种心理很可能让他受创，那个时候，父母悔之晚矣。

下面，我们来看看晴妈妈和雨妈妈是如何面对孩子耍赖的。

晴妈妈

甜甜，妈妈首先要严肃地告诉你，今天我们已经买了一个玩具了，因为你前段时间表现得很好，所以答应你买了一个你念叨很久的玩具。咱们家里已经有很多玩具了。如果你喜欢这个芭比娃娃，没问题，只要你后面这段时间表现好，认真学习，下次来我可以给你买，但绝对不是现在。现在咱们赶快回家，晚上还要做你爱吃的大虾呢。走不走？

雨妈妈

你看看来买玩具的小朋友哪一个像你这样？你是没见过玩具吗？给你买了不少玩具了，今天来又答应你买了一个，你怎么还要买？以后好看的玩具多了去了，你个个都要买回家吗？你不走就不走，你不嫌丢人我和爸爸还嫌丢人呢。我和爸爸马上就回家，让你一个人在这里待个够，到时候拐卖小孩的把你带走了，你就再也见不到我们了。

✓ 回话技巧

　　晴妈妈的回答逻辑很强，要点明确。首先，她表明了自己坚定的态度——不会因为甜甜耍赖就给她买。其次，她向孩子解释了今天给甜甜买玩具的理由——前一段时间表现好。并且她向孩子承诺只要后面表现好，会给她买下这个玩具。然后，她明确表明孩子耍赖是没有用的。最后，再次向孩子询问"走不走"，也是给孩子一个台阶下。

✗ 错误表达

　　雨妈妈的情绪一时间失控了，在公共场所不顾自己和孩子的颜面训斥孩子。她的话则与现实生活中被孩子的耍赖行为气急了的母亲说的话一样。一上来就把自家孩子和别人家的孩子对比，让自家孩子无地自容。另外，一口一个"丢人"，虽然家长抒发了怒气，但也让孩子加重了羞耻感。

　　父母应该形成一种认识，不要把孩子的耍赖看成一种特殊现象，甚至认为是一种反常、病态的现象，对于年幼、尚不懂事的孩子而言，他的诉求不被满足的时候，为了达成愿望，他没有其他办法，所以才采取耍赖的方式。这一点父母应该坦然接受，做好心理准备。从另一个方面来说，如果小小的孩子就学会把坏情绪憋在心里，任由负面情绪在心里扎根蔓延，最终会形成扭曲的性格和心理。

有底线，不轻易退让

甜甜： 爸爸妈妈，今天你们要是不给我买这个芭比娃娃，我就赖在这家店里不走了。

妈妈： 我告诉你，今天我们是绝对不会再给你买下这个玩具的。咱们先回家，我会告诉你为什么不买。

孩子耍赖时，父母一定不能轻易妥协，否则日后更容易被孩子拿捏。在孩子提出无理要求后，父母应该表明自己的坚定态度，如果孩子从父母这里看不到达成自己目的的希望，耍赖的底气就消失了一大半。

保持态度一致，严防长辈溺爱孩子

爷爷： 好好好，爸爸妈妈不给你买，爷爷帮你买。可不能赖在这里啊，万一坏人把你拐走了怎么办？

妈妈： 不行，今天说不买就不买，谁说都没用。这是原则问题。

当孩子父母管教耍赖的孩子的时候，一定要谨防溺爱孩子的长辈来和自己唱反调。父母对孩子的无理要求说了"不"，但是孩子转头就得到了爷爷奶奶等长辈的同意，如果父母碍于长辈的面子不敢反驳，这样一来，孩子目睹了父母威信的崩塌，在日后行事中就会越来越不把父母的话当回事，甚至事事搬出爷爷奶奶来压父母一头。

理性谈判，提出条件

甜甜：我就是想要那个娃娃，只要你给我买，我就乖乖听话，绝对不要赖。

妈妈：买是可以买，但绝对不是现在。如果这个月你表现好，自己的玩具自己收拾，作业按时完成，好好吃饭，那么下次再来的时候我就给你买这个玩具。如果你还是执意现在买，那你不仅现在得不到，下个月的零花钱也别想要了。

面对正在耍赖的孩子，如果能和他讲道理就尽量讲道理，但是得有原则和策略。孩子提出的是先满足愿望再完成任务，但是完成情况却无法保证，所以父母绝不能被孩子绕进去，而应该倡导取得成绩后再嘉奖。当孩子执意要赖且听不进去父母讲的道理的时候，适当的惩罚也是可以施行的。

事后沟通，耐心开导

爸爸：甜甜，对于今天白天你在玩具店里要赖不走的行为，爸爸真的很不喜欢。我能理解你很想要那个新的娃娃，但是你忘记了咱们之前怎么约定的，这个月表现好才能买一个玩具，你执意再买一个就过分了。爸爸从来都不是不给你买，而是要有节制、有计划地购买东西。爸爸希望你下一次逛街看到喜欢的东西不要无赖，和爸爸商量，好吗？

当孩子回家后，大人和小孩的情绪都平复后，父母应该和孩子坐下来好好聊聊，把父母所想再次向孩子解释清楚，让孩子在平静的状态下渐渐明白父母的用心。

总 结

当孩子耍赖时，父母不应该迁就孩子的无理要求，而应坚定回应，做有底线和原则的父母。耍赖是孩子能想到的为自己谋利益的一种手段，他尚且不能意识到这种方式失当，所以父母应该有明确的态度和原则，让孩子意识到这种方法是行不通的、不好的。此外，当父母教育耍赖的孩子的时候，不要让溺爱孩子的长辈插手，否则会干扰孩子的认知。同样，面对孩子，奖惩机制需要细化和分明。

03

我真的走不动了，你背我走吧
——孩子不合时宜撒娇时，不心软

情景再现

我们的目标是爬上前面这座山。

等等我，我走不动了。

咱们休息一会儿再爬山。

我真的走不动了，你背我走吧。

透视镜

　　琪琪在精疲力竭时，撒娇求爸爸背自己下山。不论男孩女孩，撒娇这种行为在儿童时期都比较常见。也许孩子本身尚未对撒娇有什么概念，但是他一旦知道通过这样的行为可以表达自己的心情，获得父母的关注，得到父母的同意，便会经常使用这种方式。

如果孩子每次对父母撒娇都能尝到甜头，会不会误以为撒娇是一种可以应对更多人的"利器"？有朝一日对外人，甚至是陌生人撒娇会导致什么样的后果？如果孩子把撒娇作为一种获得利益的手段，并且不加节制地使用，是一件很可怕的事情。

当然，也不乏一些孩子是想通过撒娇的方式来博得关注。这个时候父母就应该反思是不是给孩子的关注还不够。或者孩子撒娇只是想在某些气氛不好的时候调节气氛。

如果你是琪琪的妈妈，面对气喘吁吁，用撒娇的语气向爸爸发出背她的请求的女儿，你会怎么办呢？

晴妈妈

琪琪，爸爸不能背你。妈妈知道你现在很累，但是爸爸也是和你一起爬上爬下的呀，爸爸现在也很累。而且下山的时候有很多陡坡，本来就要小心，如果背着你就很危险了。妈妈刚才说了，如果你累了，咱们可以找个阴凉地歇一会儿，等有劲儿了再继续出发。

雨妈妈

琪琪，你求我也没用，爸爸也很累了，哪里有劲儿再背你呀？刚刚不是休息过了吗？这么快就又累啦？我看你就是不想自己走，那你还要来爬山干什么？我算是看出来了，你是一点都不能坚持，动不动就求人，如果今天不是家里人陪你爬山，你去求谁呢？

回话技巧

晴妈妈一上来就表明了自己的态度，并从爸爸的自身情况和安全方面向女儿解释了为什么不能背她，希望获得女儿的理解。

此外，晴妈妈并没有立刻教育女儿这种遇到困难就撒娇求助的行为，而是针对目前的情况，寻求可行的解决办法。

✗ 错误表达

雨妈妈的回答很真实，很常见。但是她指出女儿"一点都不能坚持"，这种强硬的定性的字眼尽量不要在和孩子发生冲突的时候使用，这一方面可能会激起孩子的负面情绪，引发更大的争执；另一方面，也可能会让孩子在情绪低落的情况下自暴自弃。

生活中，不是所有人都能接受别人撒娇的，譬如某些性格直爽的人，在他们看来，撒娇听起来很肉麻，自己一点也不喜欢，反而觉得不舒服。然而也有一些人就很吃撒娇这一套。所以并不能把撒娇这种行为绝对地定性为好或者不好。父母要做的是纠正孩子不合时宜的撒娇行为。

教育孩子弄清事件的性质

琪琪：爸爸，我真的好累呀，作业明天再写好不好嘛，我求求你啦。

爸爸：琪琪，这个时候撒娇这一套没有用。爸爸跟你说过，有些事情可以撒娇，但是不写作业这种原则性的事情，撒娇一点都不管用。

当孩子惯用撒娇这一套来偷懒的时候，父母一定不能心软，而应让孩子明白不是所有的事情都可以撒娇。原则性的事情，撒娇不仅不好使，还会让他人反感。能够拎得清一件事情适不适合撒娇，需要父母的教导，也需要孩子的体验和感悟。

教育孩子体谅他人，坚强起来

琪琪：爸爸，我还是小孩子，你是大人了，你力气比我大，你背我一段肯定可以的。

妈妈：琪琪，爸爸的腰受过伤你忘了吗？他能来陪我们爬这么远已经很不容易了，你得体谅爸爸。而且像你这么大的孩子都是自己下山的呀，你一定也可以的，坚强一点！

父母经常会给孩子造成一种"你帮我是理所应当"的认知。这种认知是不对的，家长有必要纠正过来，要教育孩子在某些方面体谅父母，体谅他人，该坚强的时候坚强起来。

总　结

　　当孩子不合时宜地撒娇时，父母不要心软。一时的心软，会给孩子未来的人生埋下隐患。撒娇并不是坏事，但是要教育孩子考虑到事情的性质和撒娇的对象，原则性事件绝不能以撒娇的态度应对，也不要把撒娇当作获得利益的利器。一个人终究要靠自己的能力来征服他人。

我如果今天把饭吃完，你就要给我买……
——孩子讨价还价时，不退让

04

情景再现

透视镜

本来不想吃饭的月月，企图用讨价还价的方式让自己在吃完饭的同时收获一个新玩具。随着孩子心智成熟，他越来越能通过一些旁门左道来为自己谋利，和父母讨价还价就是一种典型的方式。孩子明白父母的目的——让自己吃完饭，既然自己拗不过父母，不如在达成他们目的的同时为自己争取点利益，或者以帮父母达成这一目的为借口，来获得自己想要的东西。

孩子学会讨价还价，说明他在成长的过程中有了自己的想法和主见，不再和父母硬碰硬，而是学会了其他处理纷争的方式。这也侧面反映出孩子对父母的了解程度，既然他敢提出这样的"交易"，说明他对父母的期望和底线都有一定的认知，知道怎样的"交易"能打动父母，这是逻辑思维能力和语言组织与表达能力发展到一定层次的结果。

从孩子能用讨价还价这招来应对父母，可以看出这个家庭常常存在某种"等价交换"，即父母教育孩子经常以谈条件的形式进行。在我们前面的篇章中也曾经建议过父母有条件地和孩子谈判，但是如果谈判式教育已经深入到家庭生活和亲子关系的方方面面，父母就应该警惕和反思——自己的权威是否下降了？在某些本应该严肃教育的时刻，却被孩子的行为一再搅乱，这是一个危险的信号。

如果你是月月的妈妈，你会怎样回答月月的话呢？

晴妈妈

　　为什么一定要让我给你买玩具你才肯吃饭呢？吃不吃饭是你自己的事情，我让你多吃一点，是因为知道你有半夜喊饿的坏习惯，所以让你晚饭吃饱一些。但是你实在不想吃，我也不能强迫你，反正你今夜如果再喊饿，我是不会给你吃东西的。所以，你自己好好想想要不要吃完，你要是不吃了，我立刻收拾碗筷。

雨妈妈

　　凭什么要给你买玩具你才肯吃饭？买玩具，不可能！饭，随你吃不吃！不要以为我是在求你吃饭，吃饭是你自己的事情。只要你夜里不喊饿，我立刻就把碗收走。而且你这种和大人讨价还价的口气特别不好，妈妈是为你好，你却得寸进尺。我告诉你，如果你今天不把饭吃完，下个月的零花钱减一半。

回话技巧

晴妈妈的回答一上来就否定了月月讨价还价的逻辑，点明吃饭是她自己的事情，不应该将吃饭作为谈判的筹码。然后解释了自己为什么让月月把饭吃完的原因——晚饭吃得少，夜里会喊饿。而且她并不是逼迫月月一定要把饭吃完，但是如果不吃完，夜里喊饿的时候不会再给她食物。为了帮助月月改掉这个坏习惯，妈妈把月月的退路给堵死了。然后针对月月讨价还价这个行为的本身，妈妈表明了自己的原则——并不是什么事情都可以商量。

✗ 错误表达

雨妈妈也是一上来就态度明确——玩具，不可能买！饭，随你吃不吃！并且点明"吃饭是你自己的事情"，这一点非常重要。但雨妈妈的语气非常生硬，会导致孩子产生抵触心理。雨妈妈最后说，如果月月不把饭吃完就扣她下个月的零花钱。但是如果孩子真的是吃不下了，强行逼她吃下也不是件好事，最好还是像晴妈妈一样把选择吃不吃的权利还给孩子，后果由她自己承担。

孩子和妈妈讨价还价，想用吃饭作为筹码，从父母那里得到一个玩具。父母不应非常生硬地拒绝，而应把选择吃不吃饭的权利还给孩子，让孩子明白吃饭是自己的事，不把饭吃完的后果需要自己来承担。这样既没有让孩子讨价还价的计谋得逞，也让孩子明白了做什么事情都要有原则。

以身作则，不让孩子讨价还价

月月： 妈妈，你如果答应给我买个新玩具，我就好好吃饭。

妈妈： 月月，买玩具是不可能的。我马上要把饭吃完了，你也好好吃饭。

如果孩子讨价还价的时候，父母也用条件来和孩子"拉扯"，实际上是对孩子做出了额外的承诺，让孩子看出了父母解决问题的态度，有了更多讨价还价的空间。这不是长久之计，反而会让孩子养出油滑的缺点。

和孩子共同制订规则

月月： 爸爸，你如果答应给我买个新玩具，我就好好吃饭。

爸爸： 月月，吃不吃饭是你自己的事情，不要跟我讨价还价。如果你不吃饭，夜里饿了也得忍着，不要到处找吃的，如果你能做到的话，爸爸绝对不逼你吃饭，你能不能做到？

无规矩不成方圆。父母要和孩子平心静气地制订规则，有些事情是不可以讨价还价的。和孩子制订规则的时候，父母要掌握主动权，但是也要聆听和尊重孩子的意见和建议，激发孩子遵守规则的主动性。

总 结

父母要坚定，要有原则，在孩子讨价还价的时候，不要退让。首先要表明自己的态度，不要让孩子从父母模棱两可的态度中觉得有机可乘。父母应该学会和孩子共同制订规则，而不是和孩子讨价还价。

05

同学的鞋子都是名牌，我也要
——孩子产生攀比心理时，不顺从

情景再现

透视镜

琪琪在注意到同学穿的是名牌鞋子的时候，内心不平衡，于是回家让父母给自己也买双名牌鞋。这是典型的攀比心理。攀比心理，即个体发现自身与参照个体发生偏差时产生负面情绪的心理过程，归根到底是虚荣心作祟。

攀比心理表面看上去是受外界刺激造成的，其实"非一日之寒"。首先，为攀比心理奠定基础的是孩子天真、单纯的特质，他们爱模仿的本性让他们觉得别人怎么做我也要怎么做，别人穿什么，我也得穿什么，别人用什么，我也应该用什么。其次，很多父母自己存在的自卑心理也是造成孩子不良攀比心理的原因。并不是所有孩子都能体谅家里的真实情况。父母向他解释家里的情况，希望他以后自己赚钱了再买这些东西。这种解释可能会让孩子觉得自己低其他同学一等，深深地克制自己的欲望。但他可能会暗地里和自己较劲，甚至在某些时刻埋怨父母。当然，最常见的原因还是父母对孩子的溺爱，养成了孩子骄纵、以自我为中心的毛病，让孩子觉得"别人有的我也得有"是一种再正常不过的想法。

晴妈妈

琪琪，难道就因为同学穿这种鞋子，你就一定要穿吗？穿名牌鞋的同学的家境和我们是不一样的，爸爸妈妈的工作都普普通通的，也做不到让你动不动买几百块钱的鞋子。鞋子这种日常用品，舒适才是最重要的。

雨妈妈

你怎么这么不懂事呀！虽然咱们家里境况不算差，但是你看看我和爸爸穿的也从来都不是名牌鞋子呀，你怎么小小年纪，还没赚过一分钱就追求这些了？以后长大了还得了？

回话技巧

晴妈妈一上来就提出反问，让孩子反思买名牌运动鞋的必要性。然后从现实的角度，对比了两种家境的购买能力，希望孩子能意识到这一点，体谅父母的不易。

最后，晴妈妈表示鞋子的价值在于实用，引导孩子树立正确的价值观。

❌ 错误表达

雨妈妈一上来就说孩子不懂事，语气生硬武断，容易造成孩子的抵触心理。

其次，雨妈妈提到自家条件虽不差，但是和爸爸平时都不追求名牌，这种购物理念本应该对琪琪产生潜移默化的影响，但是却没有抵挡住琪琪的攀比心理的作用。所以雨妈妈有必要向孩子明确强调不应该养成追求奢侈品的习惯，在她这个阶段，购物应该以实用为主。

不过，攀比心理并不都是消极的，正向的攀比心理，可能会带来令人满意的结果。家长可以引导孩子进行正向的攀比。譬如引导孩子在学习成绩方面和竞争对手攀比，在运动能力方面和家人、伙伴攀比等等。在正向攀比的同时，父母应该教导孩子警惕过度的、错误的攀比，且正向的攀比也应该有原则，有底线。

态度、底线明确，不退让

琪琪： 妈妈，班上同学都穿名牌运动鞋，你能不能也给我买一双啊？

妈妈： 琪琪，妈妈给你买的运动鞋虽然不是名牌，但是质量都是有保证的呀。是穿得不舒服吗？你看，爸爸妈妈也从来没有追求过名牌鞋子呀，穿得舒服就好了。

如果父母自身都在日常消费水平上和别人攀比，那么就不要指望孩子能够克服攀比心理了。所以家长应该以身作则，克服虚荣心，将自己朴实、低调的行事风格贯彻在生活的方方面面，让孩子耳濡目染，潜移默化。

树立正向的优越感

琪琪： 爸爸，同学们在我面前讨论的那些名牌我一个都不知道，都没办法插话了。

爸爸： 琪琪，我们不该和他们比这些吃穿用度，你可以在其他方面找到自信哪。你的成绩、人缘不都是你自信的最佳来源吗？

周围环境的影响，是孩子产生攀比心理的重要原因。别人都有，就自己没有，孩子会感到自卑，从而滋生出虚荣心。父母在察觉到这一点的时候，应该引导孩子在自己的长处上找寻自信。

总　结

当孩子产生攀比心理的时候，父母应该及时开导，不能任其发展。在孩子的成长过程中，父母应该以身作则，让孩子养成节俭的消费观。当孩子有了攀比苗头的时候，父母应该引导孩子懂得赚钱的不易，珍惜钱财，体谅父母。当然，父母也可以正确运用攀比心理，让孩子在自己的长处上找到信心，塑造健康的人格。

亮点要放大——用爱的眼睛发现孩子；

鼓励要及时——用爱的鼓励调动孩子。

第五章

激励回应：
唤醒孩子的内驱力

这件事太难了，我做不到

——孩子畏难时，激励他

01

情景再现

骑自行车真酷啊!

让爸爸教你骑自行车。

骑自行车太难了，我做不到。

透视镜

琪琪对骑自行车感兴趣，但是真正学骑自行车时却发现很难学，于是产生了退缩的心理，觉得自己做不到。孩子在成长过程中，会尝试很多新鲜事物，一旦遇到难以解决的困难就容易产生畏难心理，从而退缩，如果在这种关头，父母也任由孩子选择，孩子最终很可能做什么都难以成功。

为什么很多孩子容易出现畏难情绪呢？

首先是因为父母过于体贴孩子。孩子遇到的困难太少了，所以乍一碰到困难，就会犹犹豫豫、畏畏缩缩。其次是因为父母对孩子期望过高，要求过严。有些父母一旦决定让孩子做一件事，就让孩子必须完成，这容易给孩子造成很大的心理负担。

所以孩子产生畏难情绪，是自身和父母共同造成的，因此也需要双方共同努力解决。下面来看看晴妈妈和雨妈妈分别怎样回应。

晴妈妈

　　琪琪，当初要学骑自行车可是你自己提出来的，爸爸妈妈是不是在买自行车之前就告诫过你，学自行车可能会摔很多跤？你不是信誓旦旦地说自己一定能学会的吗？现在反悔不学了，这刚买的自行车也浪费了。

　　你觉得难，但是你也看到了，公园里比你小的孩子都能学会呀。你只学了半天，学不会是很正常的，明天让爸爸再带你来练练，多练几天就好了。如果你就这么放弃了，那就太可惜了。以后你要是再说想学什么，爸爸妈妈可就不是这么容易就同意的喽。

雨妈妈

　　琪琪，学也是你要学的，自行车也给你买了，你一句"做不到"就放弃了吗？

　　你如果放弃了，说明你也太经不起挫折了，以后你说学什么我都不会同意了。讲出去人家都要笑话你的。

✓ 回话技巧

晴妈妈首先指出学骑自行车这个决定是琪琪自己做出的，在此之前，父母也曾经提醒过她学习骑车可能会遇到的困难，所以如今不能坚持下去完全是琪琪自己毅力不够。

其次，晴妈妈让她想想自己曾看到过的在公园里把自行车骑得很好的比自己小的孩子，以此来激励琪琪坚持下去，并且安慰琪琪不要太过焦虑，鼓励她只要多学一学肯定会学会的。

最后晴妈妈警告琪琪，如果这么容易放弃，以后想再学点其他的技能，父母就不会这么容易同意了。

✗ 错误表达

从雨妈妈的语句中可以看出她听琪琪说做不到的时候感到很着急。为人父母，当知道孩子有学习某种技能的兴趣的时候，一般来说都会表示支持，所以琪琪的父母会给琪琪买新自行车，并花时间陪她学习。但是孩子在遇到困难后就产生了畏难情绪，有了放弃的念头。这个时候，雨妈妈只是一味地批评琪琪经不起挫折，却没有适时鼓励，并强调以后父母不会再轻易同意孩子尝试新事物的要求。这样的回答，不利于孩子鼓起勇气，战胜困难。

从孩子的角度来说，有畏难情绪并不罕见。父母常常教育自己的孩子要换位思考，而在孩子产生畏难情绪的关头，父母何尝不应该站在孩子的角度上思考呢？只靠训、骂是不能激发孩子的潜能的。所以在孩子学习知识和技能的过程中，请父母有充分的耐心，不吝惜鼓励，让孩子不畏惧学习，而是享受学习的氛围。

让孩子知道自己不是个例

琪琪： 妈妈，我怎么觉得骑自行车这么难哪！那些弟弟妹妹都会骑，就我不会，肯定是我太笨了。

妈妈： 琪琪，你只看到了你身边的这群会骑车的人，但是在你没有看到的地方很多人也正在痛苦地练习，你堂姐不也是练了一个星期才学会的吗？这和智商没有关系，也许你的平衡感不太好，但是可以通过后天的练习赶上来。

当孩子陷入不断失败的怪圈的时候，很容易对自己产生怀疑，从而更加沮丧。父母这个时候应该让孩子明白这件事不是只有他觉得困难，很多人和他一样都在经历着失败，他不是个例，他也能和众多的人一样，经历过失败后再走向成功。

不急于求成，给孩子空间

琪琪： 爸爸，我以为我很快就能学会骑自行车的，但是我练了半天一点进步都没有。

爸爸： 琪琪，你自己也说了，你才练了半天，有几个人能够练半天就会一项技能呢？不着急，慢慢来，没有人逼迫你。

孩子主动学习一项技能的时候，常常会对自己寄予很高的期望，急于求成的心态就出现了。父母在察觉到孩子急于求成的时候应该及时安抚孩子，给他足够的练习空间。

总　结

当孩子产生畏难情绪的时候，父母应该给予有效激励。当父母看到孩子抱怨某件事情很难的时候，应该用自己的眼光和标准去衡量这件事的难易程度，将客观的评价告知孩子，让他认识到这件事没有那么难，这对于孩子抗压能力的锻炼具有重要意义。当孩子自我怀疑的时候，父母要让孩子明白自己不是个例，每个人掌握技能的方式和时间都不尽相同。当孩子急于求成的时候，父母应该引导孩子慢下来，给他足够的时间和空间来练习。

02

我可不敢当着这么多人上台演讲

——孩子胆怯时，鼓励他

情景再现

透视镜

　　从来没有参加过演讲比赛的晴晴，因为在语文课上展露了自己的朗诵才能，被老师推荐参加演讲比赛。但是晴晴心里十分忐忑，她明白，在众人面前演讲，自己一定十分胆怯。作为父母，听到自己的孩子能得到老师的认可并被推荐参加比赛，一定十分骄傲，并极力鼓励孩子参加。但是面对胆怯且没有信心的孩子，父母应该怎么做呢？

面对一件从未尝试过的事情，孩子心生胆怯而退缩不前是可以理解的。但是孩子的成长过程就是一个不断试错的过程，孩子需要尝试和接触的正是那些从未尝试和接触过的事物，在此过程中他们会认识自己，也会认识社会，认识世界。如果因为信心不足而止步不前，白白丧失一个了解自己和外界的机会，只会让自己故步自封，当某一天需要走出舒适圈的时候，会感到极不适应。父母一定明白善于展示自己的孩子和从来不敢展示自己的孩子的人生轨迹会千差万别。一般来说，父母都是希望自己的孩子能够积极展示自己的。但是如何应对胆怯的孩子，如何有效鼓励孩子改变自己的态度，是父母应该思考的。

晴妈妈

晴晴，妈妈知道你很担心，你没有参加演讲比赛的经验，所以怕表现不好。但是你想想，老师推荐你参加，肯定对你的能力有所了解，认为你有能力参加这次比赛。另外，你回想一下，这几年每当有比赛你都不肯参加，失去了很多展现自己和认识更多有才华的人的机会，很多同学和老师都不知道你有哪些能力，是不是很可惜呀？而且即使你没有表现好，那又怎样呢？不过是一次小小的失败而已，但是你却拥有了一次宝贵的经验。所以爸爸妈妈都支持你参加。但是如果你真的不愿意参加，我们也不会强迫你的。

雨妈妈

晴晴，多少次了？一说到让你参加比赛你就不愿意，你的同学每学期都有各种各样比赛的奖状，你什么都没有，以后升学的时候好学校都会看这些的。整天怕这怕那，那你长大以后工作了怎么办？

 回话技巧

晴妈妈首先对女儿的担忧表示了理解，相比雨妈妈一上来就质问的语气更易被女儿接受。随后，她又结合老师的态度对晴晴的能力表示肯定，增强女儿的信心和底气。同时她让晴晴回想这些年错失的机会，让晴晴主动意识到错失比赛的可惜之处。此外，她还进一步考虑到了如果失败了怎么办。对于成长中的孩子来说，应该以汲取经验、学习技能的态度来对待每一次挑战，这样会让孩子对竞赛的胆怯少一些。

❌ 错误表达

雨妈妈一上来就使用质问的语气，让本就信心不足的孩子又经历了一次不被理解的打击。其次，雨妈妈从功利的角度谈论比赛对孩子升学的影响，把孩子和别人家的孩子对比，反而会让孩子更加焦虑，即使是孩子答应了参加比赛，受此影响，她的备赛心态也不会好。

如果胆怯的孩子在父母的游说下答应参加某项赛事，父母应该在他后续的备赛和比赛过程中给予源源不断的鼓励、支持、陪伴和理性的分析。如果父母只为了荣誉而不顾孩子的实际情况，盲目让孩子报名参加比赛，让孩子经历一次次惨败，反而会让孩子好不容易勇敢起来的心备受打击，甚至萎靡不振。这时如果再想鼓励孩子振作起来，就更加困难了。

结合实际，合理鼓励

晴晴： 妈妈，我从来没有在那么多人面前演讲过，如果参加比赛肯定比不过其他人。

妈妈： 咱们的实战经验确实没有那些经常比赛的人丰富。但是这是一次很好的锻炼机会，以你目前的能力即使得不到很好的名次，拿个三等奖或者优秀奖也很好啊，重在参与嘛。有了一次经验，下次也许就更好了。

父母是孩子最亲近的人，理应对孩子的能力做出合理的判断，要结合实际情况，对孩子提出合理的期望与目标。切不可急于求成或者提出过高要求。

反省自身，做好表率

晴晴： 爸爸，你平常也说我太胆小，所以我怎么敢站在那么多人面前演讲呢？

爸爸： 晴晴，对不起，爸爸平时说的这些话影响到你了。其实你并不胆小，只是行为举止更加谨慎一些。但是到了该展示自己的时候应该自信一点，妈妈当年刚开始一点都不敢骑自行车，现在汽车都开得很好了。

父母应该及时反省自己平日里是不是言语中无意中暗示了孩子她不够优秀，从而不敢表现自己。如果有，应该注意平日的用语。

总 结

　　当孩子胆怯时，父母应该给予孩子有效的鼓励。这种鼓励绝不是夸大孩子的能力，让孩子对自己的认识产生偏差，而是应该结合孩子的实际情况，提出合理的期望与目标，让孩子不要心理负担过重。除此之外，父母在平日里也要注意不要用贬低的评语评价孩子的缺点，让孩子对自己的缺点"坚信不疑"。锻炼孩子的表现能力不是一朝一夕就能完成的，父母应该多让孩子感受比赛，经历比赛，如果孩子能够主动被竞赛的氛围吸引，那么将会省去很多口舌之劳。

乐乐和妙妙，我应该投给谁呢?
——孩子左右为难时，开导他

03

情景再现

咱们班这周五要选举班委。

你一定要投我一票哦。

你一定会选我的，对吧?

你今天好像有心事呀。

班级选举班委，我的两个好朋友都参加竞选了，我应该投给谁呢?

透视镜

　　露露的两个最好的朋友同时竞选班委中的同一个位置，且都来向露露拉票，露露不知道自己这一票应该投给谁，感到很为难。细心的父母一定留心过孩子在家庭、校园中遇到的一些难以抉择的时刻，这时父母应该怎样开导孩子呢?

随着孩子年纪的增长，他们常常会面临各种复杂棘手的状况，其实很多时候这些状况已经具备了成人世界复杂的特质。然而由于孩子的心理年龄尚小，尚不具备处理这些问题的能力，所以常常被弄得左右为难、焦头烂额。

不管是父母注意到了这些情况，还是孩子主动向父母求助，首先，父母需要对这类问题有个基本的认知——这是未成年人向成年阶段过渡的时期里理应面对的情况，不仅仅是面对，还要学会应对和解决。

其次，在给孩子建议之前，父母要针对事件本身做出客观的判断，再代入孩子在其中的角色来帮助孩子进行抉择，切不可仅凭个人的角度来处理。既要尊重规则，也要重视情感，既要与人为善，也要保持自我，不能逃避现实，也不能太过强势。

对于露露的这个问题，晴妈妈和雨妈妈给出了她们的解答：

晴妈妈

露露，这个问题你之所以纠结，是因为你怕投了其中一个同学而对不起另一个同学。这就说明你最先考虑的是情感。但是班委选举是一个事关集体的事，咱们得先考虑到底谁更适合当班长，然后才投她。如果你的同学问你投了谁，你可以把自己的想法解释清楚，不用觉得愧疚于你没有投的同学，如果她真的就因为你没有投她就不理你了，那么这样的友情你需要考虑考虑是否真的是你想要的。

雨妈妈

露露，雨妈妈说，你想得太多了，谁适合当班长就选谁。如果你选的那个当了班长，就说明是大多数人的选择，另一个看到这样的结果，意识到了差距，难道还能怪到你头上吗？如果你选的那个没上，另一个当上了，说明你的一票也并没有起到多大的作用，当上的那个应该也不会来问你选了谁。

✓ **回话技巧**

晴妈妈的话关键在于点明了露露目前最大的困境——情感压制了理智。晴妈妈清楚地明白选举是为了选出最适合这个岗位的人，于是引导露露思考谁的能力更适合做班长。

关于后续可能出现的问题，晴妈妈也替露露想到了，并且建议露露大大方方地解释，然后根据同学的反应做出下一步的应对方法。

最后，晴妈妈让露露思考自己到底要不要这种友谊，引导露露看清本质。

✗ **错误表达**

相比之下，雨妈妈并没有让露露想那么长远的事，而是看开一点，做好一个选举人的本职，并且从两个方面帮露露分析了后续可能出现的结果。

简单地看待这件事自然能够免去很多烦恼，但是当孩子已经开始想很多的时候，说明他的心智已经趋于成熟了。如果父母还希望帮他阻挡这些，恐怕会让他的思维后退。在这个时刻，父母帮助孩子多想一步更为合适。

虽然提倡父母帮孩子多想一步，但是应该想到哪里，值得父母好好思量。有的父母将孩子面临的事件分析得太过透彻，让孩子对此大为吃惊，从而陷入了自我怀疑和对周围人的怀疑。作为过来人，父母对人性的各个方面有着远超孩子的认知，但是不能一次性对孩子灌输太多父母的认知，而应该在孩子面临选择困境的时候，适当地分享经验并给予建议。

不要过于看重结果

露露：妈妈，我担心我没有投票的那个同学来质问我，或者不理我了。

妈妈：露露，这不是还没开始投票吗？你怎么想得这么远哪？你只要听从你的本心，做出你认为最优的选择就够了，结果并不是你一个人能左右的。如果她真的来问你，你就把你的考虑大大方方地讲出来。

孩子左右为难、焦头烂额的原因之一在于他们太过于看重结果，或者说结果对于他们的影响。但是很多时候重要的是过程，其次才是结果。这是一个需要父母引导，也需要孩子慢慢领悟的人生道理。

减少不利因素，"曲线救国"

露露：爸爸，如果明天我投的票被她俩看到了，真的好尴尬呀！

爸爸：露露，你们不是匿名投票吗？以爸爸的经验而言，这样的投票一般都是匿名的。明天你可以提前问一下老师，如果不是匿名投票，你也可以向老师建议一下用这样的方式。

当孩子纠结于一件事的时候，父母应该弄清楚到底哪些因素让孩子为难，从而给出有针对性的建议。有的时候不一定是孩子多想了，可能对事件本身的处理过程中也有很多疏漏之处，那么父母应该鼓励孩子从这些疏漏之处入手，消除这件事的棘手之处。

总 结

　　和年龄一起增长的，还有孩子的烦恼。当孩子接触到的人与事越来越多，越来越复杂，很多时候，他会感到为难。这个时候，父母能做的是帮助他认清事情的本质，不要在抉择时刻让孩子的情感凌驾于理智之上，也不要让孩子将结果看得太重要。父母可以教育孩子换个角度思考，任何一个结果都应该勇敢面对。此外，父母可以引导孩子针对一件事的疏漏之处寻求弥补方法。

04

我只是想让老师得到回应
——孩子受到排挤时，安慰他

情景再现

透视镜

　　课堂上老师抛出的一个问题没有人回答，晴晴不想让老师失望，所以举手回答，由此得到了老师的表扬。但是在下课后她听到同学说她想出风头，因此受到排挤。其实，孩子从步入校园开始，就可能因为种种情况而受到同伴的孤立、排挤，从而对他们的心理、行为都产生重要的影响。

　　有些时候，孩子的一些行为虽然正当，但是却可能令其他孩子不满意或者嫉妒，而令孩子被误会为"爱出风头""和老师套近乎""偷偷学习"等，从而受到排挤。

　　如果孩子真的犯了错误或者中伤了他人，我们尚可以引导孩子去补救和道歉，但是面对这种被误会中伤，从而被排挤的情况，我们应该怎么做呢？

　　接下来，让我们一起听听晴妈妈和雨妈妈是怎样做的吧。

晴妈妈

　　晴晴，首先，妈妈要肯定你课上的举动是完全正确的。课堂是大家的，不能因为其他人没举手自己就不能举手了，你是在行使你的权利，所以你不用自责自怨。其次，你要想想为什么他们不举手，因为他们没有勇气或者没有想到解决方法。他们说你想出风头，可是他们连出风头的机会都没有，于是只能通过说这样的风凉话来发泄自己的不满。这种嫉妒人、中伤人的话，你不要放在心上，也不用跟人解释。随它去，咱们要做好自己。

雨妈妈

　　晴晴，他们不回答问题，是因为不会，你能回答，说明你更优秀。有什么可烦恼的！他们这是嫉妒你。如果以后还这样，你就告诉老师，让老师批评他们。

 回话技巧

晴妈妈首先肯定了女儿的行为，让女儿不陷入自我怀疑中。

其次，她向孩子解释了为什么课上其他人没有举手，以及为什么会在课下说出那样的话，让孩子明白她的行为没有伤害到任何人，而是因为那些人嫉妒才这么说。

最后，晴妈妈鼓励女儿不要被闲言碎语所干扰，鼓励她继续做自己，勇敢地表现和展示自己。

晴妈妈的话语中渗透着正能量和温情。

✘ 错误表达

雨妈妈的回答则显得简单粗暴，不但没有消除孩子的烦恼，反而会加剧孩子的担心。尤其是告诉老师这一招，可能会让孩子在学校更加被孤立。

父母都听说过或者看过有关校园暴力的资料，但是恐怕还不太了解校园冷暴力，它是指师生或同学间非肢体的攻击行为，具体表现形式包括歧视、嘲讽、羞辱、漠视、孤立、疏远等，最终会对受害者造成心理创伤，有时甚至会让受害者患上心理疾病和生理疾病。所以父母切不可对这个问题不予重视。然而面对这个问题时，父母应该怎样安慰孩子呢？

鼓励孩子锻炼强大的内心

晴晴： 妈妈，我也知道自己这么做没有错，但是我一想到那些话就好难过。

妈妈： 晴晴，这其实只是冰山一角，以后你见识的世界更大，会遇到更多不被理解的人与事。我们没有办法让别人闭嘴，但是我们可以锻炼出自己强大的心态，无视流言蜚语，顽强而坚定地做自己认为正确的事情。

家长没有办法在孩子人生每一个受到伤害的时刻护在他面前，所以从长远来看，有必要让孩子锻炼出强大的内心，在遇到类似危机的时候，及时调整心态，自己足够强大，便无惧明枪暗箭。

寻找志同道合的朋友

晴晴： 爸爸，我一直都把他当朋友，为什么他背地里要这么说我？

爸爸： 其实早一点发现你们在某些方面观念不一致也好，下次遇到这样的事情，你可以和他当面沟通，阐明你的想法，他不能理解就算了，但是我相信肯定有跟你志同道合的同伴能够理解你，希望你能积极寻找新朋友，不要陷在这件事中。

人生很长，人的一生中会遇到各色各样的人，谁也不能保证此时的朋友会是永远的朋友。当孩子经历朋友的冷暴力的时候，父母应该安慰和开导孩子，让孩子明白道不同不相为谋，鼓励他多结交志同道合的新伙伴，不要沉溺过去，要积极地拥抱未来。

总 结

当孩子被同伴排挤的时候，父母应该敏锐地察觉，并及时地了解事情的全貌，判断孩子的行为是否有错。如果孩子行为完全得当，却遭受了校园冷暴力的时候，父母应该给予孩子足够的安慰与开导，鼓励孩子锻炼出强大的内心，从而更好地面对人生。当孩子发现自己和朋友不是一路人的时候，父母应该鼓励孩子多结交志同道合的新朋友，积极拥抱未来。

学习真的有用吗?
——孩子自我怀疑时,给他解惑

情景再现

快要中考了,我发现你最近压力很大,咱们去乡下姨妈家放松放松。

表姐,好久没见到你了。

我当年没考上高中,于是就去打工了。现在自己开了餐馆,生意挺好的。

表姐没上高中,现在活得也挺好。学习真的有用吗?

透视镜

正在备战中考、被升学压力包围的晴晴在姨妈家里见到了早年辍学打工,如今已经当了餐馆老板的表姐,表姐的话让晴晴感慨万千,忍不住对学习的意义产生了质疑。学习真的有用吗?很多学生应该在学生时代都曾问过这个问题。

现如今有些孩子之所以会觉得读书没有用，除了像晴晴一样受到身边亲友的影响外，还有来自网络的影响。他们会在网络上看到很多出色的人，而这些出色的人的履历有时并没有那么好。

还有一些孩子觉得读书会限制自己的生活，他们觉得读书不仅阻碍自己得到快乐，也对自己的人生没有任何帮助。

当孩子觉得上学没用时，父母最应该做的事情就是让孩子改变这样的想法。

面对晴晴的疑惑，晴妈妈和雨妈妈是怎样解惑的呢？一起来看看吧。

晴妈妈

晴晴，那你觉得你堂哥和你表姐有什么区别吗？一个是一流大学毕业的硕士，每次回来他都告诉你们要好好读书，去看看外面的世界，那一定是外面有能够吸引他的地方。而你的表姐，初二辍学，如今在小县城开餐馆，虽然过得还可以，但是从她开始打工到现在经历了多少磨难，借过多少债，洗过多少盘子，你清楚吗？一个读书少的人不会明白通过读书能将自己的眼界开阔到哪一步。

雨妈妈

晴晴，你怎么能跟表姐比？人家从小就能吃苦，敢打敢拼。你都这么大了，洗过碗吗？不读书，你还能干什么？

回话技巧

晴妈妈将高学历的堂哥和表姐进行对比，展示出两种截然不同的人生轨道的差异，让晴晴自己体会。

从晴妈妈的话中可以看出，从初中辍学开始打工的表姐一定经历了社会的锤炼才能走到今天。而这一条路，任何人都不能随随便便地踏上，而是要提前问问自己能不能承受。

孩子需要明白的一点是，不要仅仅看到辍学打工能在物质方面带来的短暂的效益，如果不读书，在精神层面的缺失是难以弥补的。

 错误表达

雨妈妈的一连串反问不但无法解答孩子的疑问，还会深深地伤害孩子的自尊心。孩子在得到否定后，不仅无法坚定好好学习的决心，还可能会一蹶不振。

父母在批判读书无用论的同时也一定要让孩子明白死读书同样不值得提倡。死读书就是对书本内容死记硬背，然后死板地去应用。虽然应考时可能收获高分，但一旦步入社会，就会发现实操能力低下。所以父母应该在孩子学有余力的情况下带孩子去真实的工作场景、服务部门等环境中感受实操能力的重要性，让孩子懂得不要死读书。

确立目标

晴晴：妈妈，表姐没上过高中不是一样过得很好吗？为什么我一定要读书呢？

妈妈：晴晴，那你有没有想过，现在退学你能干什么呢？开餐馆是表姐小时候就立下的目标，她在有一手做菜的本事的前提下还打拼了十几年才有现在的成就。你觉得你有什么能力可以养活你自己？你的目标又是什么呢？

父母最好不要一上来就讲读书的好处，而是让孩子想想不读书了该怎么办。把最现实的问题放到他面前，他才会意识到自己应该做什么。

没有人可以随随便便成功

晴晴：爸爸，我知道你的意思，但是如果我有技能傍身，是不是就可以不读书了？

爸爸：你觉得什么技能、什么路可以试试就成功呢？而且有什么技能是不用学习就能掌握的呢？你的堂哥学习金融投资，一直学到硕士毕业才能在上海谋到心仪的职位，而且尚需继续努力。技不在多而在精。

没有人可以随随便便成功，即使有了技能，也并不代表能成功，在如今的社会，孩子更要意识到这一点。

总　结

孩子询问"学习真的有用吗"，其实是对自己能否通过学习获得成功的自我怀疑。父母在解惑的时候不要那么肯定地说"有用"，因为成功绝不仅是凭学习好就能得到的。但是父母要让孩子反思不学习怎么成功。让孩子对自己的能力有清楚的认识。在孩子倾向读书无用论的时候，向孩子解释成功人士能够成功的原因，并告诉孩子没有人可以随随便便成功。最后让孩子做出要不要好好学习的选择。

教育需要父母与孩子间的积极沟通，沟通本身也是一种教育。父母的言谈处世决定着孩子能否对他所处的环境以主动和自信的姿态出现，能否从容理智地解决问题。

第六章

人生指南：
孩子的成长需要你的回应

为什么我和凌凌不能一起洗澡?

——孩子对性别疑惑时，及时解答

01

情景再现

你和表弟好好玩儿，别打架。

两个人不能一起洗澡哦。

我要和表弟一起洗澡。

为什么我和凌凌不能一起洗澡?

透视镜

　　明明几年前都能和自己一起洗澡的表弟，为什么现在不能和自己一起洗澡了呢?对于这个问题，年满八岁的林林感到很疑惑，于是向妈妈询问。对于这样的问题，很多家长都曾经遇到过。如果孩子到了一定的年龄尚未有性别意识，那么父母就应该及时引导孩子。

相关研究表明，三岁以前的孩子尚未具备清晰的性别意识，和同龄异性共浴或者由异性家长帮自己洗澡并不会影响孩子心理状态。但是三岁以后，随着孩子的社交圈扩大，接触的东西越来越多，孩子会逐渐形成性别意识，如果在和异性接触的时候对性别差异尚未有足够的了解，就容易导致不健康的性观念。

父母切不可轻视对适龄孩子进行合理的性教育。面对林林的提问，晴妈妈和雨妈妈给出了不同的解答：

晴妈妈

　　林林，你已经八岁了，是大孩子了，不能再和弟弟一起洗澡了。你们都长大了，男孩和女孩的身体是不一样的，男孩不能让女孩看自己的身体，女孩也不能让男孩看自己的身体。

雨妈妈

　　林林，你们已经长大了，弟弟是男孩，你是女孩，女孩不能让男孩看到自己的身体，要是被男孩看到身体，以后就没有男孩愿意和你一起玩了，嫁人都嫁不出去。

回话技巧

　　首先，晴妈妈向孩子解释了为什么以前可以和弟弟一起洗澡，但是现在就不能。关于这个问题，如果给予孩子更加科学的解释，孩子可能并不理解。如果能够编出一个符合逻辑的小故事也许更利于这个年龄的孩子接受，这就对父母的语言表达能力和知识水平提出了更高的要求。如果做不到这一点，保持坚决的态度也会让孩子逐渐意识到这样的行为不可取。

 错误表达

　　雨妈妈也是希望让孩子明白长大了要知道男女有别，但是她的用语却很偏激。如果告诉女孩和男孩一起洗澡就"没有男孩愿意和你一起玩""嫁不出去"这种话，即使出发点是好的，也会影响孩子的性别意识。

　　与其在某些情境下被孩子提问这个问题，不如提前给孩子科普到位。父母在还没有和孩子分开洗澡的时候，就可以引导孩子认识性器官，以一种委婉的方式培养孩子的性别意识。

有选择地带孩子阅读相关绘本

林林： 妈妈，今天弟弟说他上厕所的时候我不能跟着，为什么呀？

妈妈： 因为上厕所和洗澡的时候我们都要露出自己的隐私部位，男孩的隐私部位不能让女孩看到，同样，女孩的隐私部位也不能让男孩看到。妈妈刚给你买了一本绘本，我们一起看看故事里是怎么说的。

父母如果对性教育方面了解不多，或者担心自己的解释不够合理，可以考虑求助儿童绘本，它们符合孩子视觉的画风，加上简明易懂的说明，既能让父母减少尴尬，又能让孩子从正确的途径收获健康的认识。不过父母在带孩子阅读绘本前应该提前检查，避免其中有不合适的文字或插图。

提前引导孩子认识自己

林林： 妈妈，为什么你和我都是女孩子，但是长得不一样啊？

妈妈： 因为妈妈是长大的女孩呀。随着你逐渐成长，你的身体也会发生变化，就像你会长高、长壮一样，你的胸部也会变大，这都是正常的生理现象，总有一天你的身体会和妈妈一样的。

即使孩子的性别意识尚未萌发，父母也应该提前为孩子做好性教育的准备。性教育并不需要多么深刻、多么精确，能让孩子理解即可。

总 结

如果父母始终对和性有关的话题羞于启齿，解答孩子的疑惑时遮遮掩掩，反而会让本来正当的话题变得不光彩。当孩子对性别疑惑时，父母应该不回避，不敷衍，正面回答。如果觉得自己的解释不够合理，可以求助优秀的性教育绘本。父母是孩子的第一任老师，亲身对孩子进行细致耐心的性教育，也会拉近彼此的距离。最后，父母应该在日常生活中教育孩子不要听信风言风语，切记不要让尚未具有判断力的孩子接触到不合适的性话题。

02

强强不理我了，我也不理他
——孩子和朋友闹矛盾了，指导化解

透视镜

　　林林因为被别的朋友拉去吃饭，没有来得及和以前的吃饭伙伴强强说明，让强强很难过。强强决定再也不理林林了。林林怎么向他解释他都不理睬林林，因此林林也不愿意理他了。这一矛盾导致关系很好的朋友陷入了冷战。随着孩子的社交圈子扩大，遇到的人与事越来越多，和他人产生矛盾的可能性也会增加，如何处理好和他人的矛盾冲突，是对成长中孩子的一大考验。

同学之间发生误会是很正常的事情，有一些小误会可能仅仅让别人心情不愉快，过一段时间就忘记了，但是有一些误会则可能给当事人带来很大的伤害。这时，父母要劝导孩子冷静地面对，因为即使现在伤心难过也于事无补，不如从事一些活动放松、宣泄一下，父母也可以陪伴孩子参加一些他喜欢的活动，把这件事情暂时放在脑后。

让孩子坦然面对这件事后，还要让孩子冷静思考这件事情的原因，找出解决的办法。因为如果能够摆出事实，误会就会烟消云散。

晴妈妈

　　林林，你先冷静一下，不要哭。你愿不愿意跟妈妈说说你和强强怎么了？昨天不是还和妈妈说他是你最好的朋友吗？为什么今天就互相不理睬了呢？是不是有什么误会呀？（林林说了今天发生的事）哦，妈妈明白了。你不是故意不和他吃饭的，但是他难过得听不进你的解释，所以你也生气了。妈妈觉得你们当时都不够冷静，所以不欢而散。明天你需要再和他解释一下，如果他还是不相信，你可以让昨天拉你去吃饭的朋友帮你解释一下。而且这件事的确是因为你让强强受到了伤害，所以你愿不愿意和强强道个歉呢？

雨妈妈

　　这是怎么了？你告诉妈妈，妈妈帮你分析分析。（林林说了今天发生的事）原来是这样啊。没什么大不了的，你又没有做错什么。班上同学那么多，跟其他人做好朋友吧，别理他了。

✓ **回话技巧**

　　晴妈妈先让林林冷静下来再说，因为孩子情绪激动的时候很多话说不清楚或者言语会比较偏激，父母难以全面地了解事情的始末。然后她的句式是"你愿不愿意……"，尊重了孩子的隐私和权利。接着晴妈妈对这件事的复述，表明她了解了这件事，理解了女儿的情绪。她给出的建议也比较中肯，一是让拉走林林的朋友帮林林解释，重获强强的信任；二是给出客观的判断，错在林林，应该由林林出面道歉。晴妈妈做得很好的一点是，她询问林林愿不愿意道歉，而不是逼迫林林，这就给了林林思考的余地。

✗ **错误表达**

　　雨妈妈并没有重视孩子之间的友谊，觉得这些矛盾不值一提，孩子的困扰不但没有得到解答，反而因为妈妈的话又增添了新的烦恼。

　　成人在遇到矛盾的时候有一套自己的处理方式，但是孩子之间的矛盾还是由孩子自己出面解决较好。最好不要在没有得到孩子同意的情况下主动联系对方父母，如果引发更大的矛盾就会让一件小事变成大事了。如果父母需要老师的帮助，也应该和老师私下联系，听听老师的分析和建议，配合老师。最好不要让孩子知道你和老师联系的事，毕竟很多孩子不愿意让老师知道自己和同学闹矛盾了，以免老师对自己有不好的看法。如果孩子能够主动寻求老师的帮助，恰恰体现了孩子敢于担当、重情重义以及对老师的尊重和需要。

了解清楚，客观判断

林林： 妈妈，强强不理我了，我也不想理他了！

妈妈： 林林，你冷静一下，想清楚了再好好说，妈妈看看能不能帮助你。原来是这样。那你觉得到底是谁不对呢？妈妈觉得强强难过是正常反应，毕竟是因为你没有提前告诉他，导致他白白找了你那么久，所以他生气也是可以理解的。

>>

首先，孩子情绪激动的时候说的话不够清楚，也不够理智。不要催他立刻解释，给他时间平复。其次，不要偏袒，也不要苛待自家孩子，要给出客观的评判，可以通过委婉的方式传达。过于生硬地讲出来会伤到孩子的自尊。

换位思考，与人为善

林林： 爸爸，您觉得错在我吗？凭什么让我先给他道歉，我也是身不由己，而且向他好声好气地解释了那么多遍。

爸爸： 林林，那咱们这样想想，如果你是强强，本来一直都是和某个好朋友一起吃饭，中午到处找她等她，最后发现她招呼都不打一声就和另一个朋友坐在一起吃饭，而自己只能一个人吃饭，你会怎么想？所以，强强的反应是正常的，咱们先道个歉，强强把你看得这么重要，一定会原谅你的。

>>

如果直接说出自己的客观判断，孩子可能并不能理解，那么父母可以引导孩子换位思考，将他摆到对方的位置，体会对方的情绪，让他认识到自己行为的不妥，从而对对方的反应多一分理解和包容。

总 结

　　孩子和他人产生矛盾，是他一定会经历的事情，所以当矛盾来临时，父母不要惊讶，请冷静、平和地指导孩子化解矛盾，父母的态度也会在潜移默化中影响孩子。父母一定要先将事情了解清楚，然后做出客观的判断。与孩子的沟通过程中，父母要教育孩子换位思考，与人为善，对他人宽容。最后不要忘记复盘整件事，预防矛盾再次产生。

我怎么和小时候不一样了?

——孩子到了青春期,传授生理知识

03

情景再现

透视镜

进入青春期的西西,发现了自己和同学身体上的显著变化,她对此感到很疑惑,在月经初潮来临的时候忍不住向妈妈询问为什么会这样。作为过来人,父母都曾经历过生理变化的时期,你们又有怎样的感受和经验呢?青春期生理知识又该以什么方式传授给孩子呢?

到了初二，孩子们上了生物课，学习了青春期生理知识，他们就会逐渐了解自己的身体。然而在此之前，面对身体的变化，如西西这般疑惑和尴尬是青春期少男少女很常见的现象。但是常见并不意味着父母可以将它放任不管或回避。

怎样把这些知识传授给孩子，成为了很多父母都在思考的问题。

西西，别担心，你来月经了，这是你的身体在告诉你，你已经是大姑娘了。这段时间你是不是发现自己比以前长得壮一些了，胸部也隆起了？从今天开始，每个月你都要准备好卫生巾。这一切的现象都是正常的，这些变化都是一个女孩在青春期必须要经历的。你不用觉得不好意思，也不要因为变壮了、胸变大了而自卑，你要以更好的姿态迎接自己未来精彩的生活。

晴妈妈

西西，这有什么不好意思的，很正常啊，你已经13岁了，已经进入青春期了，将来你上生物课时会学到这些知识的。

雨妈妈

回话技巧

晴妈妈把来月经说成是身体传达给人的信号，让一件本来有些麻烦的事带上了一点浪漫的色彩，安慰了女孩敏感的情绪。这是晴妈妈言语的智慧。除此之外，晴妈妈也为女儿的青春期变化做了充足的准备。

她安慰女儿，不用因为身体的变化而自卑，要以更好的姿态迎接自己未来精彩的生活。

 错误表达

雨妈妈的回答则比较敷衍，并没有解开孩子心里的疑惑，也没有消除孩子的担心，只是笼统地将问题推到将来的课堂上。

父母在教育女儿了解青春期生理变化的同时，也要教导女儿尊重同样在经历着生理变化的男孩。男孩在这一阶段精力旺盛，和这一时期的女孩形成了较大的差异，女孩应该多一分理解。男孩也应该以同样的方式理解女孩。青春期是每一个孩子都会经历的，这一阶段每个孩子的身体都在经历着变化，家长要引导孩子正确看待这些变化。

正视性发育

西西： 妈妈，我觉得我的胸围比周围女生大，下次内衣买紧一点的吧。

妈妈： 西西，你怎么会这么想呢？前段时间还有新闻说有个女孩穿束胸衣呼吸困难导致晕倒了，多危险啊！胸部发育是正常现象，你要正视它。

在孩子的认知还未成熟的时候，很多想法也显得不够成熟。父母应该引导孩子接受身体自然的变化，正视性发育。

让孩子阅读青春期性教育有关的书籍

西西： 爸爸，青春期什么时候才能过去啊，我一点也不喜欢现在的自己。

爸爸： 西西，你没有看到青春期独特的地方。这是你一辈子只会经历一次的一段时间，在你匆忙的学习生活中一闪而过，如果你对它如此失望，那以后想起来这段时间只会更失望。爸爸这里有一本书，你可以去翻翻，也许会让你重新认识青春期。

如果父母尚不能用通俗易懂的语言给孩子讲解青春期相关知识，那也不用感到焦虑，目前有很多性教育相关的书。不论是家长看，还是孩子看，都会有所帮助。父母要学会运用这些资源。

总 结

当孩子经历青春期生理变化并产生疑惑和负面情绪的时候，父母应该及时传授知识，引导孩子正视性发育。父母平日里需要善于观察孩子的生理和心理状态，及时给予孩子帮助和指导。在力不能及的时候，应及时求助相关资源。

04

我有点喜欢那个男孩
——孩子对异性有好感时，正确引导

情景再现

透视镜

　　青春期的少男少女在生理变化的同时，心理也在悄然发生变化。对异性产生好感是青春期孩子的典型心理变化。但是青少年在这一时期正处于重要的求学升学阶段，所以父母和学校对早恋都比较敏感，生怕影响了孩子的学业。然而对异性有好感不一定就会发展成早恋。父母要引导得当，促进孩子的心理健康发展。

青春期的少男少女对异性有好感是一种健康的表现，父母大可不必如临大敌。

但是，这种青涩朦胧的好感，如果不加以正确的引导，孩子很可能进入早恋。好感和早恋是有本质区别的。早恋，虽然寄托了两个少男少女美好的情愫，但是在学业紧张的时期，早恋可能引起的消极后果也许会改变他们的人生走向，这也是父母对早恋如此紧张的原因。所以，在青春期的孩子对异性有好感的时候，父母应该及时进行适当的干预与引导。

晴妈妈

媛媛，你能不能告诉妈妈，你为什么会喜欢这个男孩子呢？哦，怪不得，看来这个男孩子还不错嘛。不过媛媛，你也明白你快要中考了，学业压力很大，你真的还有时间去和他相处吗？你对他的这种好感会不会影响你的情绪？妈妈不是不让你有这些好感，但是你要分得清现在你的主要任务是什么。妈妈希望你和他都能把这份好感放在心里，专注于眼前的学习，两个人一起变得更优秀。

雨妈妈

媛媛，爸爸妈妈现在问你这些话是为你好，你不要以为什么都藏在心里我们就不知道了，今天陈老师都给爸爸发消息了，说你最近和一个男生走得很近。在你上初三之前，我就反复叮嘱你，一定要以学业为重，其他的不要想，你倒好，快要中考了，还敢这样。你们要是还这样的话，那我只能和他的家长一起想办法了。

回话技巧

晴妈妈用询问的语气问女儿，尊重女儿的隐私和权利。一句"看来这个男孩子还不错嘛"，表面看是认可男孩，实质上是用和女儿类似的审美来拉近和女儿的距离，有助于打开女儿的心扉。但是不能忽略关键问题——学业和情感的权衡，所以妈妈一连两个反问，督促女儿思考和抉择。

从头到尾，晴妈妈都没有用过于强硬的字眼，而是从期许的角度给女儿衡量的空间。对于尚处于情感朦胧期的女孩来说，这种温和的方式比较合适。

✕ 错误表达

雨妈妈并未考虑到在青春期的孩子被父母逼问情感问题时的为难和害羞。这种被父母"围攻"的情形，可能会激发孩子的逆反心理，反而得不偿失。

此外，雨妈妈把陈老师打电话告知的事情透露出来，让孩子感受到很可能还要面对来自班主任的压力，可能造成师生之间的隔阂。

如果孩子对异性产生了好感，或者有了早恋倾向，做父母的一定不要着急，冲动行事可能会对孩子的心理造成不可愈合的伤害。对孩子进行言语攻击、闹到学校、约谈对方父母被孩子知道、责怪学校等，不仅会摧毁孩子青春年华里的美好记忆，也会让孩子在班级、学校里颜面尽失。首先，有好感和朦胧的爱恋并不可耻；其次，这归根结底是两个孩子的事，应该留给孩子自己思考、抉择和处理的空间。

看清本质，正确引导

媛媛： 妈妈，我确实有点喜欢那个男生。

妈妈： 嗯，像你们这个阶段的孩子有这样的想法很正常的呀，没什么不好意思的。爸爸妈妈担心的是你会因为这件事影响了学习，毕竟这个阶段咱们要以学业为重。如果你和那个男生都能保持现在的学习状态，成绩还能有所进步，妈妈也不会禁止你们接触，只要把握分寸就好。如果做不到，你们还是应该以学业为重，其他的事情往后放。

在父母自己的青葱岁月里可能也经历过这样的事情。如果父母因为怕这件事影响孩子学习而把这件事描述得不可饶恕，反而给孩子心理压力。但是从孩子长远发展的角度，父母还是需要让孩子明白孰轻孰重的道理，把道理一一讲给他听，最后把抉择权还给孩子。

学会自爱，看得长远

媛媛： 他给我送过情书，而且他真的很优秀，人也很好，喜欢他的女孩很多。

爸爸： 但是你能确定他会一直喜欢你吗？你确定你和他经常接触，了解更深之后，你们还会互相喜欢吗？你和他未来都会看见更广阔的风景，见识更多更好的人，所以不要轻易觉得自己很喜欢一个人。这个阶段，你应该好好学习，努力让自己变得更好、更优秀。

孩子还处于认知尚不成熟的阶段，并不能区分喜欢和爱，并不能看清一个人，所以常常做出不合适的举动。父母应该引导孩子把目光放得长远一些，通过努力学习，让自己变得更优秀。

总　结

当青春期的孩子对异性产生好感的时候，父母应该给予一定的理解和正确的引导。孩子在青春期对异性产生好感是一件正常的事情，父母不用如临大敌，而是应该做好预防和引导工作，让孩子分清孰轻孰重，做出正确的抉择。也不要一味说教，父母可以适当传授自身经验，传达正确的观念。最后，一定要让孩子把目光放长远一些，不要虚度自己理应奋斗的时光。

为什么不让我去看偶像的演唱会？

——孩子狂热追星时，正确引导

05

情景再现

透视镜

　　琪琪喜欢上了一个歌手，不仅为他投票，如今还想购买价格不菲的演唱会门票，为他几乎花光了自己的零花钱，只能向爸爸妈妈求助。显然，琪琪成为了一个狂热的追星人。追星并不是一个不好的现象，但是过分或者盲目地追星，会影响孩子的学习和生活。

首先，追星能够让孩子找到趣味相投的伙伴们，获得归属感和认同感，在集体里分享偶像的动态，从而展开更多的交流互动，满足他们的社交需求。其次，孩子通过追星这一轻松愉悦的事情能够缓解学业压力，在对偶像了解的过程中能满足自己的好奇心。最后，向优质偶像看齐，学习偶像的闪光点，能够帮助孩子成长为理想中的人。所以，家长大可不必谈"星"色变。

但是，当孩子过分追星和狂热崇拜偶像的时候，就会有影响学业和花钱大手大脚等情况出现，父母应该采取正确的方式来引导孩子理智追星。

关于琪琪的问题，晴妈妈和雨妈妈给出了各自的回答：

晴妈妈

琪琪，妈妈不是反对你喜欢你的偶像，但是你到目前为止已经为他花了很多钱了，你不觉得已经过头了吗？再说，你还有一个月就要期末考试了，不能再分心了。演唱会后面肯定还有，只要你期末考试考得好，我可以考虑以后带你看演唱会。

雨妈妈

琪琪，我给你的零花钱你全给你偶像花了。一张演唱会门票多贵啊，你怎么这么轻易就要得出口呢？爸爸妈妈赚钱不容易，你也体谅体谅我们。你也不看看现在什么时期，还想跑那么远看偶像演出。你不用为期末考试复习了？

回话技巧

晴妈妈的回答比较温和。她并没有否定追星，而是从现实的角度分析女儿现在的追星行为已经没有了度。第一，花钱过度，花完了自己的零花钱后又想让父母帮自己买演唱会门票。第二，不顾全大局，没有考虑自己期末考试的复习进度。

但是晴妈妈还是留有余地，将看演唱会作为对女儿期末考试成绩进步的奖励，来激发女儿认真复习备考。

 错误表达

雨妈妈的回答不但过于严厉，容易导致孩子逆反，而且只是反复说孩子不懂事，没有站到孩子的角度去理解孩子，效果肯定不会太好。

当孩子追星影响到一个家庭的时候，父母应该及时干预，消除更大的潜在隐患。很多父母应该都对十几年前的"杨丽娟事件"有印象，这就是一件典型的父母放任孩子追星而引发的悲剧。然而阻止青春期的孩子狂热追星不能靠简单粗暴的方式，而是应该先去理解孩子，然后通过他能够理解的方式来帮助他理智追星。

理解代替不解，劝导代替斥责

琪琪： 妈妈，我真的超级喜欢这个歌手，他的第一场演唱会我不想错过，你就帮帮我嘛。

妈妈： 琪琪，妈妈能理解你喜欢你的偶像，我以前也追偶像。但是你已经做了很多事来支持他了，为什么一定要花那么多钱，跑到那么远的地方，看一场演唱会呢？你要考虑考虑实际情况。

孩子崇拜一位偶像并不是什么坏事，何况父母都是从那个年纪过来的，多多少少有过追星经历，所以不必对此苛责。但是对于孩子过分的要求，应该通过讲道理的形式让孩子明白其中的困难。

关注孩子的偶像，代替偶像教导孩子

琪琪： 爸爸，我不是带你看了很多关于这个歌手的采访吗？那么优质的偶像，你有什么担心的呢？就让我去看演唱会吧。

爸爸： 是，我是看了很多关于他的采访，我还记得他是不是说过很多次，让你们这些还是学生的粉丝好好学习，不要追着他跑呀？

父母应该试着去了解孩子的偶像以及孩子喜欢他的原因，如果的确是个优质的偶像，那么应该鼓励孩子以合理的方式追星。当孩子有过分要求的时候，可以从偶像的角度给孩子一些劝告。

总 结

　　追星是孩子青春期的正常现象，父母应该给予一定的理解，追优质偶像有利于孩子价值观的塑造和健康成长。当孩子过分追星的时候，父母应该及时干预，耐心和孩子讲道理，让孩子明白为什么有些追星举动不可为，让孩子以大局为重，懂父母的不易。追星是孩子成长过程中的正常现象，出现差错，父母应该理智地回应，做孩子人生迷路时的指南。